周青年表

翟风俭 \ 编著

文化藝術出版社
Culture and Art Publishing House

目录

001	守真（代序）/张振涛	020	1981	089	2001
		021	1982	093	2002
	年表	023	1983	098	2003
003	1948	026	1984	109	2004
004	1955	029	1985	119	2005
005	1961	033	1986	126	2006
005	1963	038	1987	145	2007
006	1964	041	1988	157	2008
007	1965	043	1989	164	2009
007	1966	047	1990	173	2010
008	1967	048	1991	183	2011
009	1968	050	1992	197	2012
011	1969	055	1993	207	2013
012	1970—1972	058	1994	222	2014
013	1973	060	1995	234	2015
014	1976	066	1996	263	2016
015	1977	070	1997	295	2017
016	1978	074	1998	334	2018
016	1979	079	1999		
017	1980	084	2000	341	后记

守真（代序）

张振涛

编辑《田青文集》之始，就想把朋友们为田青而写的评论，另辟一集，名为《田青印象》，其中包括文章和"年表"两部分。辑录过程，有二喜一忧。写田青的文章很多，一喜也；许多出自名家，二喜也；年表向无辑录，一忧也。

两年前曾给田青建议，找位身边学生，记录活动，渐成年表，不然，再过一些年头，你自己也记不清到底参与了哪些社会活动。这次编辑《田青文集》，又遇到这个问题。"年表"或曰"大事记"，最难编写。郑樵引江淹言："修史之难，无出于志。"[1] 因为"志""表"体例，系之以年、月、日，"义取简明，条举件系"，后人须谨守绳墨。"年表""年谱"，"或叙人事终始，或究一人之行，或合同类之事，或录一时之言，或著一代之文"[2]。学界熟悉的有清人蔡上翔《王荆公年谱考略》。20世纪以来，文史界整理出许多历史人物年表，为读者了解历史人物提供了翔实材料。《鲁迅年谱》更是数百位学者参与的研究成果，系年编谱，几无遗策，成为现代志书的定法成例。

杨荫浏在世时，中国音乐研究所领导班子就委派华蔚芳，专

---

[1]（宋）郑樵：《通志 总序》，载周予同主编《中国历史文选》（下），中华书局1962年版，第53页。

[2]（清）章学诚：《章氏遗书》，载周予同主编《中国历史文选》（下），中华书局1962年版，第260页。

门整理"大事记"。从20世纪40年代就在重庆青木关"国立音乐院"做杨荫浏学生的华蔚芳，自然是了解老师最多的人。今天看来，幸得那时及时整理，许多事情可以得到当事人确认，不然后人就不可能清楚杨荫浏学术生涯中在当时平常而对后人来说具有充足意义的学术活动和大事件了。

《李元庆年谱》由夫人李肖、近现代音乐史家戴鹏海整理，中国音乐研究所范慧勤修订；①《曹安和生平纪事》由中国音乐研究所的文彦、范慧勤整理；②《黄翔鹏一生纪略》由夫人周沉，于黄翔鹏去世后整理。③ 今天看来，曾被学术界认可的三份记录，都过于简略，与传主身份，略不相符。这是令大家感到遗憾的，但也是过去岁月的真实写照，反映出学术界未能及时整理大事记和不重视年表、年谱的缺失意识。据说国外学者都有记录自己经历的"历史自觉"，最后交到图书馆的个人资料或有几箱子。这是一种了不起的传统，让后来的历史学家获得出自传主本人提供的第一手真实史料。

不要以为"大事记"是"身后事"，对于有巨大社会影响的学者来说，早早盯上，点滴辑录，因为他们参与的事，可能是音乐史上具有标志性的大事。

无须说，像田青这样社会活动频繁的人，即使自己也难以记住哪年、哪月、哪天参加了哪种活动。尤其非遗保护工作刚刚启动那段时间，政务繁重，会议连会议，活动接活动，今天在南方，明天到北方，后天在巴黎。上午在北京国家图书馆培训非遗人员，晚上已经到某个城市讲课了，一天不知忙活多少事。成都第一届国际非遗节、苏州第一届昆曲艺术节、常熟第一届古琴艺术节……这些"第一"，让疲倦的非遗元老们满天飞。这当然与迅速变化的时代相关。田青说："晚上醒来，常要先想一下，躺在哪

---

① 中国艺术研究院音乐研究所编：《李元庆纪念文集》，文化艺术出版社2010年版。
② 中国艺术研究院音乐研究所编：《曹安和音乐生涯》，山东文艺出版社2006年版。
③ 周沉等：《黄翔鹏纪念文集》，福建教育出版社2001年版。

里。"他的"中国民航知音卡"颇能说明问题,因为那是一年飞行超过数万公里才有资格拥有的"金卡"!所以,要把这些"飞行"一一捡拾回来,真不是件容易事。

然而,翟风俭,慎密绸缪,不露声色,自从上次提到以后,就开始一点点捡拾老师的大事记了。《田青年表》由她承担,是不二人选。

对于从来没干过这类事的翟风俭来说,开始确实不知如何下手。我们给她建议,有了"无所不能"的互联网,非遗时代的重大事件,多多少少都会在不同地方留下记录。"往事并不如烟",这是一种具有方法论性质的新时代汇集史料的新方式。

香港作家、媒体人董桥说:"新闻是历史的初稿。"这句话用在这里也恰当。如果把网上的新闻报道当作"初稿",呈现的不过是线索,每条报道,都需核实。虽然互联网方便,但真正操作起来也不容易。翟风俭面对的将是虚实相间、鱼龙混杂、官方网站与个人写作难分、新闻通稿与民间自媒体难辨,且难免于主办单位、协办单位、参与人员等方面张冠李戴的各种资料。

历史文本的第一要求,就是"守真"。资料未加核实,不能信以为实。互联网是双刃剑,决断去取,需要眼光。互联网推之在前,大事记核之在后,剔除杂芜,方成信史。翟风俭持重端严,不但网罗概括,汇溪成川,而且多方鉴裁,逐一核查,坚持了史家传统"守真",为我们呈现出一条清晰可信的轨迹。

看到十几万字的大事记,开始的担心,已成多余。这或许可以称之为当代音乐学界早早着手的一份辑录详尽的学者"年表"。内容丰满,不但可免简略之忧,而且可以单独成集,完全超出预期。"何以解忧,唯有小翟"!她不负所望,做了一件虽然吃力却一定能讨好的事。

近现代学术史上的许多著名年表,已经成为一种高度凝练人物道路的研究成果,与传纪相辅相成,构成人物整体。如此说来,刘红庆之田青传纪,颂之以诚;翟风俭之田青年表,颂之以实。两厢映照,可以构成传主学术道路的一段忠实记录。

既然暂时尚无能力把一位学者半个多世纪的编年资料汇集成

"学术传记",不妨从点滴做起,记录岁月中那些必将具有历史意义的事件。田青的社会实践活动,许多具有开启风气的意义。通过他忙碌的身影,约略看到了非遗保护的普及范围之广与事件排列之密,也从一个侧面看到学者发挥学术影响力并得到社会反馈的及时程度。事件的寻找既包括发现行迹和审慎定义,也包括有创造性地表述其在当下状态的意义。

翟风俭做的,就是这样具有深远意义的史料工作。

年　表

1948

◆ 4月7日，生于天津。

◆ 父田广成（1912年1月26日—2004年9月8日）出生于唐山市东南郊于家店村。据同村老人讲，先祖是在明朝嘉靖年间（1522—1566）从山东枣庄附近的枣碾庄集体迁移到此落户的。田广成8岁上私塾，1929年在哈尔滨道里水道街东特一中读书时，因参与反日爱国运动，遭拘留11天，后被开除学籍。1930年初，回唐山转入英国循道公会设立的丰滦中学。1931年毕业，留校任职。1933年，在学校资助下，考入济南齐鲁大学历史政治系。1935年，又考入北京大学政治系，成为三年级插班生。1937年毕业后回唐山丰滦中学教书，学校被日本人接收后，遂去天津谋生，此后一直在天津工作。

◆ 母田凤源（1918年3月18日—1996年1月3日），河北保定人。1946年与田广成结婚。田青自幼由姥姥（彭玉清，1901年5月21日—1995年11月30日，苏州桃花坞人）带大，对姥姥感情极深，姥姥于96岁高龄去世后，曾写《致外婆》诗悼念："姥姥，我想你……那夜，你悄悄走了，只留下你的宽容与慈祥。我知道你天天望着我，就像我天天想你一样。"①

1

2

3

1. 父亲田广成先生
2. 母亲田凤源女士
3. 姥姥彭玉清女士

---

① 田青：《致外婆》，载《老歌》，山西教育出版社1999年版。

田青百日照

◆ 姥姥对田青的成长有深刻影响,"岳母刺字"的故事、"苏武牧羊"的歌谣扎根在幼小的田青心中,伴随了他的一生。"姥姥,我想你,想你手中的大蒲扇。夏夜,我躺在小凉席上,你为我轻轻扇。你唱着《苏武牧羊》的老歌,送我入眠"是当时真实的写照。而从小随酷爱戏剧的姥姥看戏,则潜移默化地培养了他对传统艺术的热爱。

1955

全家照,戴红领巾者为田青

◆ 9月,在天津市和平区鞍山道小学上学。幼时崇尚侠义精神,曾临摹连环画《水浒传》一百单八将肖像,并买来《初级拳》《初级剑》等书籍,与同学张克明等一起在阳台"舞枪弄棒"。小学期间阅读大量侠义小说,如《七侠五义》《三侠剑》《大八义》《小八义》《薛刚反唐》《岳家将》《隋唐演义》等。并自己学习写诗,曾有"不学悬梁锥刺股,也应诗画效王维"句,在上海的三大爷曾专门写信《与青侄论诗》,与之讨论。

◆ 自此开始喜好音乐,为学口琴用一天时间自学简谱。

1961

初中时的田青

◆ 7月,从鞍山道小学毕业。

◆ 9月,升入天津市第五十五中学读初中。开始大量阅读中外文学名著。

◆ 初一时与同学尹旭一起玩民族乐器,习秦琴、扬琴。

1963

与初中班主任郭临渝父子在一起

◆ 初三时,得语文老师郭临渝赏识。郭老师经常在年级各班以田青的作文为范文朗读,因其发现田青有思想但无城府,曾说:"如果再有反右,你肯定是右派!"

◆ 初三时,随学校赴郊区中药栽培基地劳动,采摘枸杞,有"金针刺破嫦娥指,洒向人间树树红"句。回校后模仿大合唱《我的祖国》创作了反映劳动生活的大合唱歌词。

1964

◆ 7月,自天津市第五十五中学初中毕业,因数学成绩差,高中未能考入志愿学校天津市一中。

◆ 9月,入天津市梨园头中学(天津市第九十五中学)读高中。根据当时的国际政治形势创作反映越战时期美国白宫的"活报剧"《魑魅魍魉》,除自任导演外,兼饰演"美国总统",并现趸现卖地自学化妆,购买金粉与香蕉水,然后混合,为饰演"美国记者"的女同学染金发,演出后造成"美国记者"的洗发困难。

田青(左)与初中同学

1965

◆ 偏科更严重，在数、理、化课上自学古代文论、唐诗宋词等传统文化，曾穿中式布衫手握《楚辞》坐一坟茔上留影。作文获语文老师刘奇膺赞誉并在其作文本封皮上题字"青年战士的歌"。期末考试除语文外，数、理、化、外语全不及格，留级一年，复读高一。

1966

◆ 夏，"文化大革命"开始，和同学路亮创办《长缨》手抄小报，自命为"主笔"，路亮自命为"总编"，每一期的全部内容和所有工作，从"社论"到杂谈、诗歌、漫画、版式、刻写、印刷等都由二人包办。"长缨"二字，出自毛泽东的《清平乐·六盘山》："天高云淡，望断南飞雁。不到长城非好汉，屈指行程二万。六盘山上高峰，红旗漫卷西风。今日长缨在手，何时缚住苍龙？"

◆ 11月，在路亮倡议下成立"天津梨园头中学毛泽东思想长征宣传队"，任副队长（队长李志彪、指导员路亮），响应"中央文革"号召，自天津出发进行"步行串连"，目的地为革命圣地井冈山，边行进边在农村演出。行军时田青携带一把红木杆的低音胡琴，除演出外负责"长征宣传队"大多数节目的创作编排，常常连夜把"最高指示"或"两报一刊"社论编成快板书、对口词或者小歌舞等供队员演出。他们的节目有笛子独奏《我是一个兵》、二胡齐奏《毛主席的书我最爱读》、歌舞《造反有理》《送宝书》等。关于成立"长征宣传队"的初衷，田青在《"长征宣传队"琐记》一文中曾经写到：在当时，我却属于"理想主义的一代"中最理想主义的一群。

理所当然,我们选择了步行串联的方式,当时,我们称之为"长征"。世界上几乎任何一种宗教中都曾存在过苦行教派的原因,是由于虔诚的教徒本能地认为,让肉体感受痛苦会达到精神的升华。同理,任何一个不可救药的理想主义者,都会本能地舍去乘车的方便快捷而去体验"当年红军们"的艰辛。①

1967

宣传队时的田青

◆ 元旦前后,"长征宣传队"渡过黄河在济南停留演出,其间接"中央文革"发出的停止串连、"返回原单位闹革命"的通知,放弃朝圣井冈山,就近改去河南兰考。

◆ 春节,在兰考红卫兵接待站度过,受到"盛情款待",吃到了"长征"途中唯一的一顿肉。随后大家在焦裕禄墓前列队宣誓:要像焦裕禄那样"永远为人民",要像焦裕禄那样,把自己的一切,"献给共产主义事业"。为了记住这份真诚,记住这次"长征",队员们手持"红宝书",留下了两张珍贵的照片。田青还在照片上题字,一张题"长驱千里吊烈士,誓将遗愿化宏图";一张题"千里征途一路歌"。至此,"长征"正式结束,乘车返回天津。"长征宣传队"在"长征"归来之后,仍坚持在工厂、农村、社会上演出了很长一段时间,直到"上山下乡"开始,才不得不解散。

① 田青:《"长征宣传队"琐记》,载《历史的性别》,解放军文艺出版社2000年版。

1

2

1. "长征宣传队"到达兰考，在焦裕禄墓前宣誓合影

2. "文化大革命"时的毛泽东思想宣传队，后排右2为田青

1968

◆ 3月，到哈尔滨滨江区向阳公社黄河大队一队插队。在自己的《毛主席语录》的扉页上题诗："心有朝阳万丈光，远征无处不故乡。此身合是农人未？大雪驱车入滨江。"

1

2

1. 插队下乡前，戴着刚发的新帽子

2. 在向阳公社黄河大队一队插队时骑马照

1. 和插队队友在一起，左起：小星、小冯、王连生、姚吉棠、田青

2. 在向阳公社黄河大队一队村边小河

1

2

1969

◆ 被贫下中农选为生产队会计。在他担任会计期间,他们生产队的经济效益非常好,每个壮劳力能日挣10分,每10分合两元钱左右,在当时算是非常高了。

◆ 探亲回家途中在大连第一次见到大海,心有所感,创作现代长诗《啊……海》寄赠在内蒙古插队的高中同学兼诗友路亮(鹏谋)。

1

2

1. 和插队队友姚吉棠在大连老虎滩

2. 和插队队友姚吉棠在沈阳故宫

1970 / 1972

◆ 两次大队推荐田青上大学的名额报到公社后均被他人顶替。

◆ 从哈尔滨第一中学音乐教员处借来斯波索宾《和声学》，开始自学音乐理论。

1. 与同村插队的伙伴
2. 在哈尔滨松花江畔

1

2

1973

◆ 6月，全国高等院校招收"工农兵学员"。田青参加天津艺术学院（1973—1980年，天津音乐学院曾用名为天津艺术学院）的招生考试，同时报考其"作曲系"和"美术系"，所交作品为自己作词、作曲的四声部大合唱两首和速写两幅（一幅风景，一幅人物），并赴哈尔滨师范学院音乐系参加面试（视唱练耳），天津艺术学院作曲系教师杨今豪主考，建议其放弃美术系，只考作曲系。

◆ 9月，以工农兵学员身份入天津艺术学院作曲系就读，此为该校"文化大革命"中招收的第一批大学生，作曲系共招7人，同学有姚盛昌、赵今彦、郭忠萍、张利荣、胡建华、王淑华。其他系学制3年，唯作曲系学制4年。作曲师从高燕生先生，后从王仁梁先生。其时授课教师有：和声陈恩光先生，视唱练耳和复调姜夔先生，民族民间音乐徐荣坤先生，曲式张国雄先生，配器高燕生先生，西方交响音乐史许勇三先生，指挥杨今豪先生，钢琴黄雅先生。作曲系主任杨今豪，书记丁辛。

1

2

1. 在天津艺术学院读书时赴内蒙古草原采风，左起：田青、冯国林、张利荣

2. 在天津艺术学院读书时赴内蒙古草原采风，左起第4人为田青

1976

◆ 1月8日，周恩来逝世，因学校秉承上级指示不容许举行追悼会，遂顶着压力以普通学生身份联合学校师生筹办并主持周恩来总理追悼会，亲书"奠"字并致悼词，老校长缪天瑞教授参加。

◆ 大四，因学校没有"中国古代音乐史"教师，作曲系主任杨今豪安排田青为大三学生开设此课。其间每两周赴北京音乐研究所求教于黄翔鹏先生并往中央音乐学院旁听。开始着手撰写《中国古代音乐史话》。

周恩来总理逝世，以普通学生身份联合学校师生筹办并主持周恩来总理追悼会，并致悼词

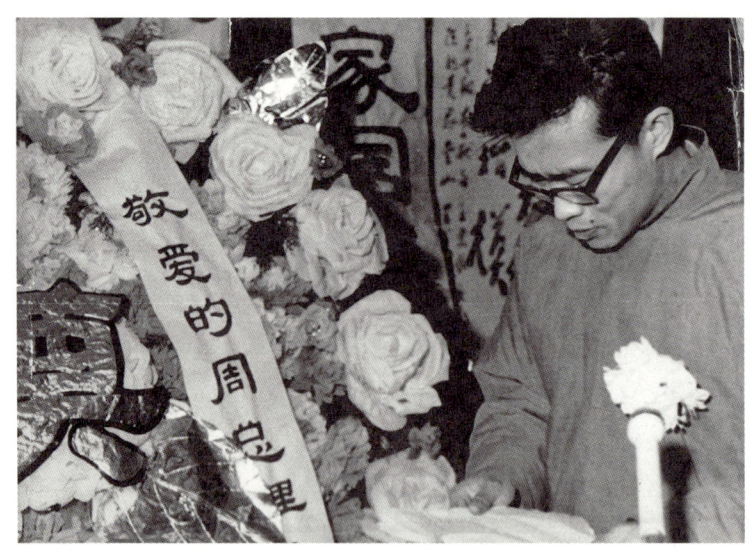

1977

◆ 毕业留校任教,讲授"中国古代音乐史""西方音乐名作欣赏"课程。因授课时学生提问:"中国古代的音乐这么好,那么好,可他们现在在哪儿呢?"故立志要改变"没有音乐的音乐史"的现状,开始从佛教音乐中寻找现存的中国古代音乐遗存。

1

2

1. 大学时,到部队学军。前排左起:王淑华、崔书记、廖胜京、郭忠萍;后排左起:张利荣、田青、郑庆有、姚盛昌

2. 登上长城

1978

◆ 12月26日，与杨弄玉女士（1948年12月30日出生）结为伉俪。杨弄玉祖籍山东牟平，毕业于清华大学水利系水电专业，时任天津发电设备厂技术员，后为中国水利水电研究院高级工程师。

与夫人杨弄玉在一起

1979

◆ 继续在天津艺术学院教书。

◆ 本年度著作：
《中国古代音乐史话》（第一章 原始林莽中的歌声），《音乐爱好者》00期（创刊号）。

1980

◆ 继续在天津艺术学院（当年恢复原名：天津音乐学院）教书。

◆ 5月16—25日，在北京西苑宾馆参加"中国古代音乐史工作座谈会"，会议由中国音乐家协会、中国艺术研究院音乐研究所和中央音乐学院联合召开。此时恰为改革开放之初，中国音乐家协会领导吕骥、赵沨、孙慎以及音乐史学界老一辈学者曹安和、吉联抗、蓝玉崧、郭乃安、夏野、廖辅叔、李石根、傅雪漪、曹正、冯文慈、何为、朱舟、黄翔鹏、杜六石、袁炳昌、杨匡明、周柱铨、王迪、吴钊、许健以及青年一代学者尹鸿书、陈家滨、刘再生、苏木、刘东升、刘明澜、乔东君、张伯杰、袁家俊、张荣明和中国艺术研究院音乐研究所第一届研究生乔建中、冯洁轩、何昌林等人悉数出席，规模宏大，规格甚高。田青为最年轻代表，提交论文《音乐史中的唐玄宗》①，这是其探索中国古代音乐史的第一篇论文，以翔实的材料论证了唐玄宗对盛唐音乐的重大贡献及其在中国音乐史上的重要地位。他指出："一个兼为音乐家的帝王，或兼为帝王的音乐家，所给予当时音乐生活的影响，由于他所处的特殊地位，作用便比一个普通艺人不知要大多少倍。从某种意义上讲，封建社会里最高统治者的个人爱好，常常对其时的文化生活起着支配性质的作用。……在中国古代音乐史的研究里，我们也应当客观地评价像唐玄宗这样的一位特殊人物，评价他作为一个音乐家的所作所为，而不能只把他看成一个封建统治阶级的最高代表。从另一种意义上说，音乐艺术几乎不能由个人完成，它特别需要组织与合作，因此，它也就比其他艺术形式更赖于行政的力量。在这种情况下，一个懂得、爱好，并努力进行音乐活动的帝王，对于音乐艺术来讲，如果不能说是幸事的话，至少也不

---

① 本文后改名为《音乐史中的唐明皇》，载田青等编《燕乐二十八调之迷》，人民音乐出版社1987年版。

能说是坏事。"① 当时社会还处于思想解放的初期，阶级斗争论的影响还未完全消除，整个社会对于"人民群众创造历史"还有较为片面的理解，他独辟蹊径，将自己的研究视野转向"帝王将相"和"文人"知识分子，以期找寻"音乐与宫廷、宗教及文人之间关系"，"从而填补了中国音乐史研究中这一长期被人忽视的空白"②。这种为"帝王将相翻案"的观点在当时可谓具有颠覆性，成为中国音乐史学界的一股清流，显示出作者的学术勇气和卓识远见。在其之后的学术生涯中，领先时代的思维与眼光，不落窠臼、独辟蹊径的研究方向与研究手段，贯串始终。

在北京西苑宾馆参加"中国古代音乐史工作座谈会"，前排左起：吉联抗、蓝玉崧、缪天瑞、赵沨、吕骥、孙慎、曹安和、郭乃安、何乾三

◆中国艺术研究院建立研究生部，开始招收研究生。黄翔鹏先生亲笔写信通知田青报考。时任天津艺术学院院长的缪天瑞先生知道后只问了田青一句话："你走了，你的课谁上？"田青遂禀报黄翔鹏先生，继续在津任教。

---

① 田青：《音乐史中的唐明皇》，载田青等编《燕乐二十八调之谜》，人民音乐出版社1987年版。
② 韩锺恩：《"云在青天水在瓶"——田青其人其学、所思所悟》，《音乐学习与研究》1988年第3期。

◆ 6月20日，得子，其祖母命名为：田苗。

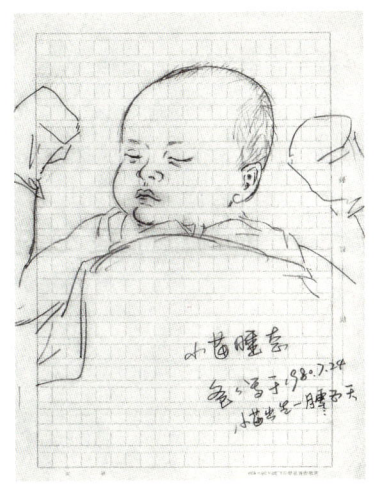

为儿子画像

◆ 年度小结：
开始突破对"人民群众创造历史"的片面认识，重新审视历史上的一些音乐家帝王及文人知识分子对中国传统音乐发展的重要影响。

◆ 本年度著作：
《音乐记忆力和绝对辨音力》，《科学与生活》第4期。
《中国古代音乐史话（二）》，《音乐爱好者》第1期。
《音乐史中的唐玄宗》，中国古代音乐史工作座谈会。
《中国古代音乐史话》（第三章 星空灿烂），《音乐爱好者》第3期。
《中国古代音乐史话》（第四章 宽阔的河流），《音乐爱好者》第4期。
《欣闻古乐翻新声——记中央民族乐团在我市的首场演出》，《天津日报》7月26日。

1981

◆ 继续在天津音乐学院教书。

◆ 通过其父老友王洪寿（田广成先生北大同学，天津同事，时任天津图书馆副馆长）"走后门"得以进入天津图书馆善本部读书，其时尚无"复印"技术，善本书亦不可借阅出馆，故每日抄录，如（梁）慧皎《高僧传》、（唐）道宣《续高僧传》等。

◆ 随天津音乐学院教师、今虞琴社陈重先生学习古琴。

◆ 10月19—30日，在京出席中国音乐家协会和文化部艺术教育局共同举办的"中国近现代音乐史学术研讨会"。

◆ 年度小结：
教学及写作《中国古代音乐史话》。开始关注音乐实践，尝试撰写艺术评论，同时收集、研究佛教理论及佛教音乐类文章。

◆ 本年度著作：
《听韩艾唱〈黄河怨〉》，《天津日报》2月1日。
《真水无香》，《音乐生活》第9期。
《中国古代音乐史话》（第五章 百川入海），《音乐爱好者》第1期。
《中国古代音乐史话》（第六章 大浪滔滔），《音乐爱好者》第2—4期。

在天津图书馆抄录《高僧传》时所做的笔记

1982

◆缪天瑞先生调至中国艺术研究院任顾问，中国艺术研究院音乐研究所招收第二批研究生，时天津音乐学院作曲系主任杨今豪外出开会，田青找作曲系书记丁辛签字遂得以报考。2月，考取中国艺术研究院研究生部音乐系硕士研究生，师从一代宗师杨荫浏先生攻读中国音乐史。同学仅曾遂今一人。

◆3月21日，致函王朝闻先生探讨美学问题，对其主编的《美学概论》中"情感成为音乐的内容，必须不是纯粹个人的、偶然的，而是带有社会普遍性的、可引起共鸣的，同时又必须与一定的音响变化相适应，符合乐声的规律性"的观点提出异议，认为古往今来所有艺术作品都是艺术家"个人"感情的流露，没有"个人"的感情，便没有艺术创作可言。即使那些最具有人民性的伟大作品，其所表达的千百万人的思想感情，也要纳入到艺术家个人感情的表达形式之中。这样的讨论，在"文化大革命"刚刚结束的时候，是要有一定的勇气的。

◆4月28日，得王朝闻先生复信："你的意见是正确的，仅看你的来信（手边没有那本教材）我也能说你的意见是正确的。如果大家都能这样坦直向我指出它的缺点，修订工作的成效一定会又快又好。……可见你我之间有共同语言，所以很高兴。"

◆6月8—10日，参加由文化部、中国音乐家协会、北京市文化局和音乐研究所联合举办的"民族音乐家刘天华逝世50周年纪念"活动，活动由音乐研究所负责筹办，包括学术研讨暨音乐会和扫墓活动。

◆9月，因春季招生未满额，遂招收第二批研究生合为一班上课（年初入学的学制两年半，后入学的学制两年，一起毕业），新增同学有陈铭道、吴犇、秦序、薛艺兵、匡慧。

中国艺术研究院研究生部全体同学游香山

◆研究生一年级课程为"中国古代音乐史",因其入学前即已在天津音乐学院讲授中国古代音乐史,故研究生部书记郭睿儒特批其提前进行论文考察。遂带300元经费到五台山、临汾、西安、咸阳、甘肃拉卜楞寺、青海塔尔寺等地考察宗教音乐,持续至1983年。在当时情况下,宗教音乐还被认为是"禁区",是"腐朽的反动的没落的东西",但是田青已经敏锐地认识到宗教音乐研究的重要性,并从田野考察开始,搜寻中国宗教音乐的现实遗存,这开启了其后来宗教音乐研究的大门。他自己曾言:"背着一个破录音机、一壶水和一个装着书和干粮的绿书包,睡在火车的座位下面,独自开始了我参五台、谒峨嵋、拜九华、觐普陀、涉敦煌、造访前藏、后藏、安多、康巴数百所汉、藏寺庙的漫漫朝觐路。在此期间,我特别留意穷乡僻壤、深山老林的荒郊野庙,我始终坚信,只有在人迹罕至的山野里,才会有珍宝。"[①]

◆年度小结:

入读研究生并开始宗教音乐的田野考察工作。

◆本年度著作:

《音乐,生活中的挚友》,《八小时之外》第6期。

《中国古代音乐史话》(第七章 彩色的浪花),《音乐爱好者》第1—2期。

《中国古代音乐史话》(第八章 巨流婉转),《音乐爱好者》第3—4期。

---

① 田青:《〈广陵散〉与迦陵频伽的启示——我为什么要研究佛教音乐?》,载《净土天音:田青音乐学研究文集》,山东文艺出版社2002年版。

1983

◆ 因导师杨荫浏先生不同意其写作有关佛教音乐的论文，遂在郭乃安、黄翔鹏先生建议下改为研究魏晋南北朝音乐史及音乐美学，论文题目改为《隐逸思想与琴曲》。杨荫浏先生不同意其研究佛教音乐，一方面在于当时"文化大革命"刚刚结束不久，在"文化大革命"中很多寺庙遭到破坏，众多僧尼被迫还俗。杨先生对于大陆的佛教音乐持较为悲观的态度，认为当时研究宗教音乐还不具备条件，所以他对田青说："你如果要研究佛教音乐，只有去台湾。"另一方面，杨荫浏先生本人乃是宗教音乐研究领域的泰斗，对我国佛教音乐、道教音乐及基督教音乐的理论及实践都有开拓性贡献。1961年，他还曾发表《如何对待我国的宗教音乐》一文，对当时处于研究禁区的宗教音乐予以关注，但"文化大革命"期间任何为宗教辩护的言论均遭批判。20世纪80年代初，整个社会还处于思想解放初期，对于宗教及宗教音乐的误解还比较深，杨先生反对田青从事佛教音乐的研究，亦有对其保护之意。关于此事，田青于1982年10月写给刘再生的信中也谈到："我目前在搞一个冷僻的专题——佛教音乐。暑假前，曾西行山、陕、甘、青四省，登五台山，谒大雁塔，拜拉卜楞、塔尔寺，最后还游了敦煌。遍寻高僧大德，采集梵音佛曲，在京时，也是奔波于寺庙之间，今日雍和宫，明日广化寺，交了不少穿袈裟的朋友。为什么搞佛教音乐？我自己也说不清，佛教界的朋友开玩笑，说我有'善根'，不过，搞这个，我还是真真感兴趣，佛学的深刻睿智，佛曲的丰富多彩，都是只有钻进去才能知道的。杨先生年事已高，是风烛残年了，有幸做他的'关门弟子'，是多年的夙愿……我去看他，只是听他骂人。我想，只要我写出论文来，他也会骂我的。老先生认为'金言有译，梵响无授'，中国佛教音乐中找不到印度音乐的影响。我不同意，你说，他能不骂吗！试想，导师都通不过的论文，该如何答辩呢！不过，科学终是科

1. 首次考察塔尔寺佛教音乐，前排中坐者为却巴活佛

2. 在陕西咸阳弥勒寺考察佛教音乐

1. 在拉卜楞寺采风时试吹法号
2. 和甘肃拉卜楞寺僧人们合影

学,中国、日本学术界学生不能与老师持异议的学风,我看将来终究要变的。"①

◆年度小结:
> 开始从历史的角度入手涉足音乐美学的研究,《浸在音乐中的灵魂——兼评青主的美学观》一文,是多年来第一篇为青主"翻案"的文章,第一次从历史和美学出发对青主的观点进行了客观的评价,以事实和充分的理由纠正了以往理论界对青主有关观点的"误解"②,他认为青主的许多有益见解都是早于其时代的,因而遭受误解。"导师们没有错,青主也没有错,错的是那个时代……"③

◆本年度著作:
《三类不同的音乐形象》,《音乐研究》第4期。
《浸在音乐中的灵魂——兼评青主的美学观》,《人民音乐》第10期。

---

① 刘再生:《佛心侠胆 跨界人文——为庆贺田青君七十华诞而作》,载《田青印象》,文化艺术出版社2018年版。
② 韩锺恩:《"云在青天水在瓶"——田青其人其学、所思所悟》,《音乐学习与研究》1988年第3期。
③ 田青:《浸在音乐中的灵魂——兼评青主的美学观》,《人民音乐》1983年第10期。

1984

◆ 2月，杨荫浏先生逝世，导师改为黄翔鹏先生。在黄先生同意下仍以《佛教音乐的华化》为题写作硕士论文。表面看似乎是"违背师训"，实乃"承继了老师杨荫浏在特定历史时期不回避、直面宗教音乐的学术研究态度，在特殊的历史条件下，以敏锐的判断，敢于突破研究'禁区'"①。论文论证了佛教音乐中国化的过程，认为中国的梵呗，从陈思王曹植鱼山制呗开始，经历了早期的天竺化、西域化阶段，又经过梁武帝等人在清商旧乐基础上创作出中国风格的佛曲，以及中国僧人们的大力推广和倡导，到唐代才最终完成华化这一过程。这一论断推翻了前人所认为的"中国的佛教音乐，一开始就取材于民间，因而获得了在本乡本土上发芽生根的机会"的观点。他指出：自"大教东来"，佛教音乐便移植东土，在中国广博精深、千姿百态的传统音乐、民间音乐的滋养下，经过长时间的演变，在许许多多极富才能的艺僧们的创造性劳动中，终于脱胎换骨，形成了一种既有宗教特点，又有民族味道的独特的风格。在此期间，它经历了南北朝时与清乐的融合阶段，而终于在盛唐时完全成熟，成为名实相符的、地地道道的中国佛教音乐。千余年来，它不仅仅是佛教徒弘扬佛法的利器，而且成为中国传统文化的重要组成部分，成为中华民族民族性与民族精神的载体。在中国传统的社会生活中，佛教音乐在相当大的程度上满足了世世代代许多普通老百姓的审美需求，丰富了他们的精神生活，甚至在后世，使"赶庙会"成为下层人民唯一的文娱活动。②《佛教音乐的华化》一文中有关曹植、梁武帝以及众艺僧对于佛乐中国化的重要贡献的论述也承接了他在《音乐史中的唐玄宗》中的基本思路，匡正了以往史学研究中因受某些观念影响而对"历史

---

① 姚慧:《不忘初心，方得始终——田青学术研究评述》,《黄钟（武汉音乐学院学报）》2017年第3期。
② 田青:《佛教音乐的华化》,《世界宗教研究》1985年第3期。

创造者"过于偏窄的看法,同时也丰富了史学研究中的"历史创造主体"的内涵①,初步奠定了田青在中国佛教音乐研究领域的地位。我国著名哲学家、宗教史学家任继愈先生对此给予了很高的评价,认为该文是研究我国佛教音乐的一篇开创性力作。韩锺恩评论说:"该文不仅从开拓性方面说,是对中国音乐研究中长期受人忽视的宗教音乐研究的一次填补,而且从文章本身的学术性而言,作者试图超越以往宗教音乐研究中存在的地域性和民间音乐的考察方法,把中国佛教音乐作为一个整体的文化现象进行纵向考察的方法也是值得重视的,这样的方法对整个中国音乐的研究也会带来积极的影响。"②

◆6月28日—7月4日,在北京西山参加纪念音乐研究所建所30周年学术讨论会。

◆在好友笛子演奏家、指挥家刘森鼓励下创作影视剧本《钟魂》。以我国湖北随县出土的曾侯乙编钟为据,遍阅史料、历览史迹,一个月之内便完成剧本。有评论认为"这个远非事实本身而又合乎

与挚友刘森合影

---

① 韩锺恩:《"云在青天水在瓶"——田青其人其学、所思所悟》,《音乐学习与研究》1988年第3期。
② 同①。

'真实'、寓哲理性沉思于历史故事中的剧作,既富浪漫主义史剧的风采,又多不同人物性格的冲突场面,在展现古代文化特征的同时,又不失戏剧情节的结构'张力';从外在战场上的利益争夺到内在心理上的感情撞击,无不反映出剧作者力图达到'史中见人'和'人为史本'的创作用心"①。

◆为中央芭蕾舞团曹文工、毛洁敏创作芭蕾舞《书法》剧本。

◆年度小结:
继续从事佛教音乐研究并撰写硕士学位论文《佛教音乐的华化》,创作影视剧本《钟魂》《书法》等。

---

① 韩锺恩:《"云在青天水在瓶"——田青其人其学、所思所悟》,《音乐学习与研究》1988年第3期。

1985

◆ 2月，研究生毕业，系中国艺术研究院研究生院音乐系第二届研究生。获得文学（艺术）硕士学位，并留音乐研究所工作。

◆ 4月11—17日，赴河南洛阳龙门参加"魏晋南北朝佛教史及佛教艺术学术讨论会"，并做题为《魏晋南北朝佛教音乐的华化》的学术报告。此次会议是由中国社会科学院世界宗教研究所和洛阳市龙门文物保管所发起和主办的。全国各地佛教史、佛教艺术专家学者和特邀代表70余人参加了会议。

1. 硕士研究生毕业答辩，答辩委员左起：吉联抗、阴法鲁、郭乃安、李纯一、黄翔鹏，答辩秘书：乔建中

2. 与同学聚会，左起：冯双白、陈铭道、宋今为、王瑞芸、田青、高名潞、陈卫和

1. 在洛阳龙门参加"魏晋南北朝佛教史及佛教艺术学术讨论会",左起:田青、段文杰、任继愈、王志远

2.《中国古代音乐史话》书影

3. 庆祝曹安和先生八十大寿

◆4月，被中国函授音乐学院聘为音乐通论课主讲教师。

◆5月13日，在中国艺术研究院音乐研究所参加为顾问曹安和先生80寿辰及其从事民族音乐研究和教学56周年举行的庆祝活动。

◆自1985年至1986年在天津音乐学院讲授"中国古代乐论"课程。

◆年度小结：

1. 继续研究佛教音乐，除了写作佛教音乐论文外，还撰写了一些与音乐及佛教相关的评论文章。在《音乐学习与研究》第3期上发表《梁武帝与音乐》一文。"进一步地以马克思主义有关'统治者作为思想的生产者在进行统治的同时还调节着时代的思想生产和分配'的原理为指导，通过对梁武帝及其与音乐发展的关系的论述，剖析了这些时代的文化现象，文章从特定历史的政治、思想、文化诸背景到具体历史人物的理论、实践及个人地位、才学、爱好、性格等方面论述了梁武帝在发展中国音乐、促进外来音乐的中国化等方面的历史功绩，文章把史料的叙述、证明和理论的阐述、论辨有机地结合了起来，从而使论不离史而有据、史不异论而显实，无论是史还是论的方面都对中国音乐史的研究有所推进。"①

2. 《中国古代音乐史话》正式结集出版。该书"以流畅、亲切的语言记述了中国古代音乐的悠久历史，时而娓娓谈来、似清溪出涧，时而又慷慷慨慨、作金石之声，使该书在诉说历史知识的同时也不失独特的思索，在给人以'可读'的同时又留有'可想'的余地，出版后深受国内外读者欢迎，我国留美学生曾联名写信给出版社要求邮购此书，作为他们向外国朋友介绍中华文化的教材"②。

---

① 韩锺恩：《"云在青天水在瓶"——田青其人其学、所思所悟》，《音乐学习与研究》1988年第3期。
② 同①。

◆ 本年度著作：

《中国古代音乐史话》，上海文艺出版社。

创作芭蕾舞《书法》文学脚本，由中央芭蕾舞团曹志光编舞，同年日本首演。

《梁武帝与音乐》，《音乐学习与研究》第3期。

硕士毕业论文《佛教音乐的华化》，《世界宗教研究》第3期。

《试析〈高僧传〉中的"契"字》，《民族民间音乐研究》第6期。

《花枝春满 天心月圆》，《光明日报》4月13日。

《金子般的旋律》，《光明日报》4月6日。

《琅琊神韵》，《光明日报》5月26日。

1986

◆ 1月5—9日，应邀赴山东泰安参加《中国民族民间器乐曲集成·山东卷》编辑会议，并为集成主编及编辑做学术报告《宗教与中国音乐》。

◆ 3月，应邀赴武当山参加《中国民族民间器乐曲集成》宗教音乐编辑工作会议，在会上做了《宗教音乐若干问题》的学术报告。此报告是《中国民族民间器乐曲集成》总负责人周巍峙针对全国各地编辑人员普遍缺乏宗教知识的现状专门委托田青而作，对"集成"工作解放思想，全面抢救、收集我国丰富多彩的音乐起到了启蒙和推动的作用。会上，田青鉴于宗教音乐的特殊性和多样性，建议单设《中国宗教音乐卷》，但未获通过。

在《中国民族民间器乐曲集成》宗教音乐编辑工作会议上，向各分卷主编介绍有关中国宗教音乐的相关知识

◆ 通过研究中国宗教音乐，他认为以单音音乐为主的中国传统音乐体现着一种独特的线性思维，并不是"落后"的标志，而以复调音乐为代表的西方音乐也并不就代表着"先进"，二者乃是人类音乐发展的不同路向。在他看来，复音音乐在欧洲产生与发展的主要原因主要有四个："1.自然环境的开放性性格与'个体性自由原则'在精神上的确立。2.天主教（基督教）所提出的美学要求。3.与多声部的复音音乐相对应的多中心的政权体制。4.资本主义大工业的发展。其中最重要、最直接的因素，是宗教的影响与要求。"而中国音乐发展的历史背景则与之不同，"无论是儒、是道、是佛，所有曾控制中国人的精神，塑造了中国人的思维方式、美学观念，并对中国音乐提出理想、提出要求的哲学、宗教，统统要求中国的音乐要'中和''淡雅''静'，于是，中国历代的音乐家们，便不约而同地在旋律的转折飞弄上下功夫了。这种哲学背景再加上政治上'大一统'的正统封建观念，加上'宫为君，商为臣、角为民、徵为事、羽为物'，不能颠倒僭越的迷信；加上连续两千年封建社会所造成的保守思想，加上生产力的长期停滞不前，于是，中国传统音乐中可能出现和曾经存在过的多声现象，便完全让位于线性思维了。"从美学角度上看，很难说二者孰"美"孰"不美"，"复音有复音的美，单旋律有单旋律的美。复音音乐讲究不同声音纵向的结合，单音音乐讲究的是旋律横向的舒展"。因此，"在一个多元化的现代社会中，要振兴我国的音乐事业，似乎也不应该只走一条路"[①]。田青的这种文化多元化的思想自此已经开始萌芽。

◆ 6月，职称认定为助理研究员。

◆ 8月7—13日，参加在辽宁兴城举办的"中青年音乐理论家座谈会"，并提交论文《中国音乐与宗教》。此次研讨会由《中国音乐学》编辑部与《人民音乐》编辑部、《音乐研究》编辑部、辽宁省音

---

① 以上皆引自《中国音乐的线性思维》，《中国音乐学》1986年第4期。

乐家协会分会、辽宁省文联理论研究室联合举办。在《中国音乐与宗教》一文中，田青"清醒地认识到20世纪80年代宗教音乐研究领域的空白以及前人对宗教文化与音乐在认识上的误解与偏差"[1]，指出："这是一个过去被理论界长期忽视的问题。虽然中华人民共和国成立后某些理论家如杨荫浏先生、潘怀素先生接触了宗教音乐的问题，某些音乐工作者也收集了一些宗教音乐，但基本上仅仅停留在采风阶段，没有深入研究。造成这种现象的原因主要有二：一是'左倾'思想的禁锢，这是客观原因；一是缺少宗教方面的知识，这是主观原因。"[2] 在此基础上，他对杨荫浏"如何对待我国的宗教音乐"的问题做出了明确回应，"对于为什么要研究宗教音乐，他总结了四方面的原因：宗教是意识形态之一，是人类整体文化中重要的组成部分；对宗教的认识，过去颇有偏差；中国传统音乐，从总体上看，是由民间音乐、宫廷音乐、宗教音乐、文人音乐四大部分构成，缺少对宗教音乐的研究，便无法得出对中国传统音乐的总体认识；现存的宗教音乐，是一个亟待开发抢救的宝藏"[3]。对于宗教在人类历史上的作用，他明确提出："一部文明史，在很大程度上可以看成是一部宗教史。……20世纪之前，无论是欧洲音乐史还是欧洲美术史，基本上是宗教音乐史或宗教美术史。中国文化受宗教（主要是佛教、道教）的影响也很大。王荆公曰：'成周三代之际，圣人多生儒中，两汉以下，圣人多生佛中'，尤其是禅宗兴起之后，中国文人，鲜有不谈禅者。"[4] 这一观点开启了改革开放初期宗教音乐研究的新认知。[5]

---

[1] 姚慧：《不忘初心，方得始终——田青学术研究评述》，《黄钟（武汉音乐学院学报）》2017年第3期。
[2] 田青：《中国音乐与宗教》，《中国音乐学》1986年第3期。
[3] 姚慧：《不忘初心，方得始终——田青学术研究评述》，《黄钟（武汉音乐学院学报）》2017年第3期。
[4] 田青：《中国音乐与宗教》，《中国音乐学》1986年第3期。
[5] 姚慧：《不忘初心，方得始终——田青学术研究评述》，《黄钟（武汉音乐学院学报）》2017年第3期。

1. 在山东泰安参加《中国民族民间器乐曲集成·山东卷》编辑会议，左3为黄翔鹏先生

2. 在辽宁兴城参加"全国中青年音乐理论家座谈会"

1

2

◆北京佛乐团成立，第十世班禅大师出席成立大会，田青被聘为副团长。

◆继续到各地采风，行头仍为一个绿书包及一台砖头大的第一代普及型磁带录音机。

◆年度小结：
参与《中国民族民间器乐曲集成》的编纂工作，继续研究佛教音乐并到各地采风。重视实践，重视田野考察是其做学问的重要特点和方法，也是他最受赵朴初先生欣赏的地方。此乃受杨荫浏先生的影响，他曾多次讲："杨先生研究律学，最后的一环是跑到乐器作坊去教工匠如何更方便、更科学地按照他的图表和公式粘琵琶的品、扎笛子的孔。"其重视实践的研究方法大大拓宽了佛教音乐的研究领域，此后也经常以此来教育自己的学生。

◆本年度著作：
电影剧本《钟魂》，《中外电视》第2期；同年获中国电视剧制作中心"优秀剧作奖"。
《中国音乐与宗教》，《中国音乐学》第3期。
《中国音乐的线性思维》，《中国音乐学》第4期。
《蓬舟吹取三山去》，《北京日报》11月25日。

1987

◆ 6月15—19日，在京参加"亚洲太平洋地区传统音乐研讨会"，并宣读论文《宗教与中国音乐文化》。会议由联合国教科文组织和中国音乐家协会联合举办，中国艺术研究院音乐研究所参与筹办，是联合国教科文组织1986—1987年度活动计划中的第一优先项目，旨在通过这一活动引起人们对传统音乐的重视。来自澳大利亚、孟加拉国、缅甸、印度、日本、尼泊尔、新西兰、巴基斯坦、菲律宾、泰国、土耳其、中国内地和中国香港地区的学者、教授以及美国、法国、联邦德国等国研究东方音乐的专家共50余人参加会议。田青在发表的文章中充分肯定了宗教对中国传统文化的影响，他把中国传统音乐分成四大类：民间音乐、宫廷音乐、宗教音乐、文人音乐，认为宗教音乐是其中不可忽视的重要组成部分。具体到佛教音乐对中国传统音乐的影响，他认为体现在以下四个方面："1. 在美学层次，佛教思想与道家思想、儒家思想一道塑造了中国音乐的一切美学特征。2. 为中国固有音乐提供了新的物质材料与新的形式。3. 作为音乐家的宗教职业者为中国音乐的繁荣所进行的创造性劳动。4. 以庙会的形式为中国广大民众提供了一个大众性的娱乐场合。"①

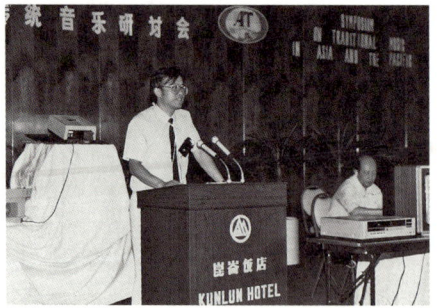

在"亚洲太平洋地区传统音乐研讨会"上发言

◆ 10月16—22日，赴江苏江阴市参加"中国音乐史教学与学术讨论会"，此次会议为中国音乐史学会的第二届全国会议。

◆ 在中国佛教协会会

---

① 田青：《浅论佛教与中国音乐》，《音乐研究》1987年第4期。

长赵朴初先生推荐下,担任上海音像公司《中国音像大百科·佛教音乐系列》的主编,赵朴老自己为顾问。关于此事,他自己曾言:

从1987年开始,我不再背着个绿书包和像一块砖头大的第一代普及型磁带录音机独自跋涉了。在朴老的关心下,在我多年田野工作的基础上,《中国音像大百科·佛教音乐系列》制订了详尽的计划,希望将中国佛教不同宗派、地区、传承的主要唱诵和法事音乐全部录制下来出版发行。第一期工作从1988年至1989年,录制并出版了《津沽梵音》《五台山佛乐》《潮州佛乐》。第二期工作从1992年至1998年,陆续出版了《天宁寺唱诵》《重庆罗汉寺焰口》《九华山水陆》《云南佛乐》《北京佛乐》《三湘佛乐》《三皈依》《喜马拉雅神韵》。我们用了先后共10年的时间,将中国大陆最有代表性的佛教音乐用专业设备录制了下来。当这套共11种30盒的传统佛教音乐磁带摆在朴老面前的时候,朴老高兴地连连对我说:"功德无量!功德无量!"欣然题下了"中国佛乐宝典"六个大字,对"中国音像大百科"的工作和佛教音乐系列音带的录音、出版给了很高的评价。

客观地说,这套中国佛教音乐的录音带在大量充斥坊间的商业化的"佛乐"录音带中是绝无仅有的,是"原汤原汁"的传统佛乐的忠实记录,具有极高的学术价值,它囊括了中国各地佛教音乐之精粹,既有历史悠久、典雅庄重、通行所有汉传佛教寺庙的庙堂唱诵,又有异彩纷呈、有着浓郁地方特色的佛事音乐。它兼顾南北,包容显密,涉及汉传、藏传、南传三个语系的佛教。其中唱念音乐,选录了自明清两代即以唱念闻名于世的常州天宁寺的朝暮课诵;北方佛曲,精选了北方佛乐的中心五台山青、黄两庙的音乐,以及近年来多次出国访问的天津佛乐团和北京佛乐团的演奏;中国佛教法事中最常见的法事"瑜伽焰口"和最大的法事"水陆法会",选了重庆罗汉寺和九华山为代表,因为前者是四川所谓的"内江板",传承有自,风格独特,与众不同。后者则是由来自南京栖霞山的老维那主法,系宝华山一派佛事音乐的嫡传。而在《云南佛乐》中,则不但录制了南传佛教的唱念,更将剑川白族佛教中的"阿吒黎"音乐首次公布于众,使这一因处僻壤而得以保存至今的古老佛乐重见天日,对"汉密"在边疆民间的存在、流传,提供了一个音乐上的例证。同样,得到潮州开元寺老方丈慧原法师真传的比丘尼演唱的《潮州佛乐》和南岳僧众们唱、奏的《三湘佛乐》,则无不是传承久远、地方特色鲜明的佛乐奇葩。本套佛乐精粹中唯一的一盘藏传佛教音乐《喜马拉雅神韵》,不但录制了扎什伦布寺的法会实况,而且还选录了拉萨郊区农、牧民演唱的民间佛曲。

◆ 年度小结:

继续研究佛教音乐,开始主持拍摄《中国音像大百科·佛教音乐系列》,并坚持写作音乐评论。

◆ 本年度著作:

与葛岩合作电视艺术片《中国画》剧本,美国纽约画廊委托北京广告公司摄制,李泽辉导演。

《浅论佛教与中国音乐》,《音乐研究》第4期,英译本美国《MUSIC IN CHINA》,译者李红梅。

《音乐史中的唐玄宗》,载田青等编《燕乐二十八调之迷》,人民音乐出版社。

《音乐家张曙的故事》,载人民音乐出版社编《中国近现代音乐家的故事》,人民音乐出版社。

《前奏曲与赋格》,载中国文艺年鉴编辑部编《中国文艺年鉴·1987》,文化艺术出版社。

1988

◆ 8月,中国音像大百科编辑委员会正式给田青颁发聘书,聘其为"《中国音像大百科·宗教音乐系列·佛教音乐》特约主编"。此前从1987年开始,他已经以主编身份到各地寻访佛教音乐,开始录制《中国音像大百科·宗教音乐系列·佛教音乐》,至1989年出版了《津沽梵音》《五台山佛乐》《潮州佛乐》等3套盒式音带。

◆ 黄翔鹏所长创办《中国音乐年鉴》,自任主编,任命田青为副主编,负责具体工作。《中国音乐年鉴》坚持关注当代音乐文化生活和学术研究领域,范围涉及学科方法论,音乐美学,音乐心理学,音乐教育,古代、近代与现当代中西方音乐史,传统音乐,歌舞音乐,戏曲音乐,说唱音乐,宗教音乐和作曲技术理论等,并开辟专题介绍民族音乐文化、地方音乐文化生活的现状、发展和变化,忠实记录中国当今社会发生的音乐事件,力争为今人和后人留下新的音乐史书。

◆ 主持杨静研究生毕业琵琶独奏音乐会。杨静为中国音乐学院刘德海教授培养的第一位琵琶专业硕士研究生。

◆ 参加天津佛乐团成立大会,乐团设在天津大悲禅寺。

出席天津佛乐团成立大会

◆ 编纂完成《中国佛教音乐选萃》(1993年正式出版)。

◆ 年度小结：

1. 重心仍在佛教音乐研究，继续去各地拍摄《中国音像大百科·宗教音乐系列·佛教音乐》，并编纂《中国佛教音乐选萃》。撰写佛教音乐相关论文，《佛、道教音乐述要》及《宗教音乐研究》都属于综述性文章，梳理了当时国内宗教音乐研究的情况，是对当时宗教音乐研究的宏观把握。

2. 主编《中国音乐年鉴》，在卷首语中，田青说："《中国音乐年鉴》是编年史性的工具书，也是汇集音乐学术资料的工具书。……由于1987年卷是首卷，所以大部分条目都对中华人民共和国成立以来，尤其是近年来的音乐发展情况作了简要的回顾。"除此之外，田青非常重视资料收集，"资料汇编"内容占据全书的一半，对中华人民共和国成立以后主要音乐表演团体、音乐学院、音乐研究机构、音乐比赛及获奖情况都给予了充分的记录。

3. 主持民乐音乐会，关注中国民族音乐的发展。

4. 继续撰写音乐类及其他评论文章，初步表达了对艺术美学的理解。

◆ 本年度著作：

《音乐通论》，中国函授音乐学院。

主编《中国音乐年鉴1987》(首卷)，文化艺术出版社。

《佛、道音乐述要》，《中国音乐》第4期。

《宗教音乐研究》，载中国文艺年鉴编辑部编《中国音乐年鉴1987》，文化艺术出版社。

《人书之缘》，《光明日报》1月23日。

《从儿子非要听相声说起》，《光明日报》2月27日。

《十面埋伏》，《艺术家》第3期。

1989

◆ 2月底—3月初，中国艺术研究院副院长冯其庸来音乐研究所宣布任命田青为音乐研究所副所长。

◆ 3月3日，音乐研究所所长乔建中在全所职工大会上宣布任命田青为《中国音乐年鉴》主编，韩锺恩为副主编。

◆ 3月14—20日，带领五台山佛教乐团赴香港浸会学院、香港佛教法住学会演出，任副团长，团长为中国佛协副会长兼秘书长、中国佛教文化研究所所长周绍良先生。这是中国大陆佛教音乐首次以乐团的形式走出大陆，展现在国际舞台，也开启了田青对佛教音乐研究的新形式——在理论研究的同时，更注重以理论指导实践，以活态展示的形式来展现大陆佛教音乐的传承，从而有力地回击了部分港台学者所认为的"大陆宗教音乐已经破坏殆尽"的片面认识。在港期间策划并参加"第一届佛教音乐国际研讨会"，在研讨会上提交论文《〈金瓶梅〉里的佛曲》①。又一次打破寻常思维，选择被视为"诲淫之作"的奇书《金瓶梅》作为研究对象，通

与《中国音乐年鉴》编辑部同人们商议编辑问题

---

① 经修改后以《从〈金瓶梅〉看明代佛教音乐》为名发表于《中国音乐学》1992年第2期。

1. 在香港参加"第一届佛教音乐国际研讨会"

2. 录制《中国音像大百科·宗教音乐系列·潮州佛乐》后，在汕头与杨秀明合影

3. 赵朴初先生为首届"中国佛教道教音乐周"活动题名

1 **2**

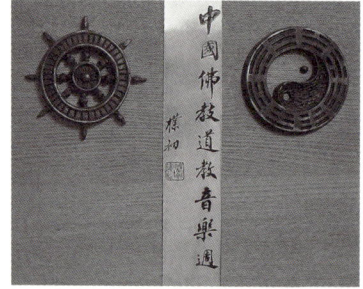

3

过书中所保存的有关明代佛教音乐的大量现实资料，窥视明代佛教音乐的真实状况及其对民众生活的影响，也解决了当时佛教音乐研究界所存在的现存活态音乐与古代典籍乐谱之间无法精准对接的研究困境。①

◆ 4—6月，策划首届"中国佛教道教音乐周"，任秘书长，负责具

---

① 姚慧：《不忘初心，方得始终——田青学术研究评述》，《黄钟（武汉音乐学院学报）》2017年第3期。

体工作，筹委会主席为赵朴初、贺敬之。拟邀请北京佛乐团、五台山佛乐团、北京雍和宫佛乐团、拉卜楞寺佛乐团、辽宁千山佛乐团、北京白云观道乐团、苏州玄妙观道乐团等团体参加。

◆8月，赴潮州开元寺录制《中国音像大百科·宗教音乐系列·潮州佛乐》，一套4盒，共4小时。录制时，先由"维那"（开元寺主持慧原法师亲自担纲）举腔，然后乐队根据其音高找调伴奏，这与西方声乐中先有乐器前奏定调，然后歌者找调演唱的情况正好相反。田青当时未能理解其原因，于是提出在唱诵时只清唱不用伴奏，器乐部分单独录，得到慧原法师的应允，于是这四盘《潮州佛乐》便录制成首尾是单独的佛乐器乐曲牌，中间是僧众的清唱的形式。

◆9月，因心脏病突发，进北京西城区平安医院。因无法确诊，辗转数家医院后尊医嘱静养。

◆年度小结：
1. 主要仍从事佛教音乐相关工作，带领佛乐团赴港演出，同时在国内策划相关演出活动；继续录制并出版《中国音像大百科·宗教音乐系列·佛教音乐系列》；从事佛教音乐理论研究，撰写相关论文等。
2. 主持编纂《中国音乐年鉴》。
3. 撰写音乐类及其他评论文章，对艺术美学的理解更加成熟。

◆本年度著作：
主编《中国音乐年鉴1988》，文化艺术出版社。
《中国佛教音乐的产生与发展》，《中国音像大百科·宗教音乐系列·佛教音乐》前言，《法音文库·佛教与中国文化》。
《中国宗教音乐》，载秦咏诚、魏立编《中国民族音乐大观》，沈阳出版社。
《马三立教导我们说》，《中国音乐报》1月6日。
《假如阿炳还活着》，《中国音乐报》3月24日。

《男儿泪》，《中国音乐报》5月12日。
《不会水的游泳教练及其他》，《中国音乐报》7月7日。
《茶，还是咖啡？》，《中国音乐报》8月4日。
《涮羊肉与维纳斯》，《艺术世界》第3期。
《巴赫与亨德尔孰美》，《中国音乐报》2月10日。
《法鼓艺术初探·序》，载郭忠萍编《法鼓艺术初探》，百花文艺出版社。
录制出版《津沽梵音》(一套2盒)、《五台山佛乐》(一套5盒)、《潮州佛乐》(一套4盒)盒式音带，此音带由中国音像大百科编辑委员会特聘中国佛教协会会长赵朴初担任顾问，田青担任主编制作完成，由上海音像公司出版，是《中国音像大百科·宗教音乐》系列之一。

1990

◆ 在陶然亭疗养院疗养,后至小汤山闭关修行。除习禅外,还认真研读社会学、人类学、心理学、中外政治制度史。在此期间,意识到长期以来中国民族音乐盲目学习西方、膜拜西方,已严重背离中华文化的传统,出现断层。音乐界曾经浪费了几代人生命的"乐器改革"运动,就是"崇洋媚外"的典型例证。"改革者"们认为中国的固有乐器"落后",遂以西方"先进"乐器为标准"改革"中国固有民族乐器,如竹笛学长笛加键、二胡学小提琴加指板,等等。田青在20世纪90年代发表的一系列有关中国音乐的文章中的思想,如提倡在继承传统的基础上发展"新古典主义"、在学习民间乐种的基础上发展多样化、小型化民族器乐组合,以及在进入21世纪后田青所致力的保护非物质文化遗产工作的思想,皆在此一年多的静思中得以萌发并逐渐成熟。

◆ 本年度著作:

主编《中国音像大百科·宗教音乐系列·佛教音乐》系列。
主编《中国音乐年鉴1989》,文化艺术出版社出版。

1991

◆ 世界著名小提琴大师梅纽因听说其生病,专门写信问候。田青抄录一首禅诗给梅纽因以表谢意,同时也让大师放心其身体:"春有百花秋有月,夏有凉风冬有雪。若无闲事挂心头,便是人间好时节。"大师看后回信:"现在我懂得了为什么中国人拥有如此深刻、明确而实用的哲学。"

◆ 夏,带妻儿游山东济南、青岛、烟台等地,在青岛拜谒弘一法师曾修行的湛山寺。归来赋诗一首:"当年夫子叹喟然,风乎舞雩浴沂南。春风不必春三月,水自清兮天自蓝。"

◆ 10月下旬,赴云南省思茅县、景洪县参加"云南省首届宗教音乐学术研讨会"暨"《中国民族民间器乐曲集成·云南卷》第三次全省编辑工作会议",会议由云南省民族艺术研究所、思茅行署文化局、西双版纳州文化局、《中国民族民间器乐曲集成·云南卷》编辑部联合主办。

◆ 11月,与广东音乐学家费师逊、《中国民族民间器乐曲集成·云南卷》主编吴学源一道赴景谷、巨甸、中甸、剑川等地考察宗教音乐。归来写《祖师洞里听"扎林"》一文[①],详细记述其考察南传上座部佛教音乐及噶举派藏传佛教音乐的过程。

◆ 年度小结:
　1. 参与编纂《中国民族民间器乐曲集成》。
　2. 主持编纂《中国音乐年鉴1990》。
　3. 研究考察佛教音乐。

---

① 发表于《音乐生活》1993年第5期。

1

2

1. 在云南中甸考察佛教音乐时与吴学源、费师逊（中）一起搭乘运菜卡车

2. 在云南剑川与当地儒释道三家乐班成员合影

1992

◆ 5月28日—6月1日，在辽宁省丹东市出席《中国音乐年鉴1992》第三次学术研讨会，并以主编身份主持会议。

◆ 7月21—25日，在京参加中国传统音乐学会第七届年会，并做主题发言《从禁区到热点——40年来中国宗教音乐研究的回顾与展望》，系统梳理与总结了20世纪40年代末以来中国宗教音乐研究发展的脉络和基本状况。

◆ 9月，参与策划、组织"杨秀明古筝独奏音乐会"，并亲自主持。9月8日，音乐会在北京音乐厅举行，由汕头市文化局、中央乐团、中国佛教文化研究所、中国国际广播电台、中国音乐学院、北京音乐厅、《中国音乐年鉴》编辑部、中国艺术研究院音乐研究所8家单位联合主办。

◆ 当年，职称评定为副研究员。

1. 在辽宁丹东主持《中国音乐年鉴》第三次学术研讨会
2. 在辽宁丹东开会时，与吴祖强先生在一起合影留念

1. 主持杨秀明音乐会演出
2. 杨秀明音乐会结束后合影

◆策划并创作大型交响音乐史诗《东方慧光》文学脚本，由天津歌舞剧院首演。《东方慧光》是音乐史上第一部表现中国佛教文化的大型交响音乐史诗，是由天津歌舞剧院管弦乐团发起，联合中国艺术研究院、中国佛教文化研究所、天津音乐学院的诸多艺术家、学者、专家创作排演的，作曲姚盛昌。以弘扬、创新民族文化，启迪智慧，净化心灵为宗旨；以"为国民祝福寿、为世界祝和平"为主题。作品立意深远，形式新颖，运用现代音乐思维和先进的舞台科技手段，由180名演员组成庞大演出阵容，营造出一种前所未有的、恢宏的音乐世界，被誉为"东方文化之光""智慧与和平的交响"。该部作品完成后，得到了赵朴初先生和佛教界众位高僧大德的高度赞誉。田青作为主创人员之一，参与了作品的策划、创意，并创作了歌词。此外，还担任了首次演出的主持人。

1、2. 田青指导中国第一部佛教交响乐《东方慧光》演出

3. 佛教交响乐《东方慧光》在北京演出

◆继续进行《中国音像大百科·宗教音乐系列·佛教音乐》系列的录制工作,从这一年起直至1998年,《中国音像大百科·宗教音乐系列·佛教音乐》陆续出版《天宁寺唱诵》《重庆罗汉寺焰口》《九华山水陆》《云南佛乐》《北京佛乐》《三湘佛乐》《三皈依》《喜马拉雅神韵》等专辑。

◆率"中国佛教音乐团"赴南岳参加"南岳庙会",在祝圣寺听"音乐焰口"。

◆创作电影剧本《杨贵妃》,由中国电视剧制作中心、广西电影制片厂联合摄制,陈家林导演。

与电影《杨贵妃》导演陈家林在涿州拍摄基地

◆年度小结:

1. 主要从事佛教音乐研究及实践推广工作:参加相关学术会议,撰写研究论文,借鉴西方音乐的形式创作现代佛教交响乐,继续录制并出版《中国音像大百科·宗教音乐系列·佛教音乐》等。论文《从"广陵散"到迦陵频伽的启示——中国佛教音乐谈丛》记述了其研究佛教音乐的心路历程。因窗外的鸟鸣声使其联想起佛教神鸟迦陵频伽，茅塞顿开，并下定决心"去寻找那隐藏在时间背后的古代音乐"，他深信这些未经"改造"或改变较少的古老音乐在深山古刹、荒郊野庙中应有遗存，于是开启了其历尽艰辛的田野考察之路，也是其学术道路的开端。

2. 策划并主持民乐音乐会，对国内民乐现状的关注自那时已经开始。

3. 继续编纂《中国音乐年鉴》。

4. 创作电影剧本《杨贵妃》及电视剧本《孔子》，开始涉猎影视剧本创作。

5. 撰写音乐及其他评论文章。《民歌恰是穷乡好》一文虽然不长，但是却关注到了艺术创作的真实性问题，民歌之所以感人，是因为它抒发的是真感情。其时已经可以看出其对于民间艺术的尊重和敬畏，这与其后来从事非物质文化遗产保护工作、提倡原生态唱法以及推广民歌是一脉相承的。

◆ **本年度著作：**

《铁干铜皮碧玉枝》，《光明日报》8月15日。

为中国电视剧艺术中心创作电视艺术片《孔子》剧本。

创作电影剧本《杨贵妃》。

《从〈金瓶梅〉看明代佛教音乐》，《中国音乐学》第2期。

《从〈广陵散〉到迦陵频伽的启示——中国佛教音乐谈丛》，《佛教文化》第Z1期。

《张骞与曹植——中国佛教音乐的起源》，《佛教文化》第3期。

《我写电影〈杨贵妃〉》，《艺术世界》第5期。

《祖师洞里听"扎林"》，《音乐生活》第5期。

《谁的误区？》，《音乐生活》第6期。

《民歌恰是穷乡好》，《艺术世界》第6期。

《天宁寺唱诵》盒式音带出版（一套2盒），并写前言，此音带系《中国音像大百科·宗教音乐系列·佛教音乐》系列之一。

1993

◆ 1月，被中国佛教文化研究所聘为特约研究员。

◆ 9月，与英国音乐学家钟思第合作，促成天津佛乐团访问英国，在伦敦亚非学院等处演出，担任乐团顾问和学术主持人。演出结束后应邀在牛津大学、剑桥大学、伦敦大学亚非学院、利兹大学、约克大学、爱丁堡大学、英中友好协会等地讲学。并与钟思第合作在伦敦录制出版 CD《天津佛乐》（Buddhist Music of Tianjin）。

1

2

3

1. 在英国伦敦大学亚非学院现场讲解佛教音乐

2. 在英国剑桥大学留影

3. 与天津佛乐团能闻师（右2）及英国音乐学家钟思第（右1）等在伦敦合影

在英国讲学时的海报

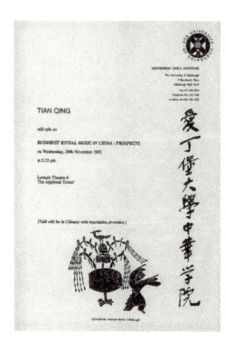

◆10月，在大英图书馆东方部和法国国家图书馆阅读敦煌卷子，寻找与佛教音乐有关的资料并进行研究。此后完成论文《有关唐代"俗讲"的两份资料》，发表于《中国音乐学》1995年第2期。文章通过对伦敦大英图书馆东方部Stein 4417卷敦煌文书及法国国家图书馆的Pelliot 3849卷敦煌文书对照研究，并将现代尚存的佛教讲经仪式及相关法事与唐代俗讲形式进行比较，廓清了唐代寺院俗讲的一些形式，也为敦煌文书研究提供了一种方法。

◆10月28日—11月1日，作为《中国音乐年鉴》主编，赴四川成都参加《中国音乐年鉴》第四届学术研讨会。

◆年度小结：

1. 重心仍在佛教音乐研究及推广：带领中国佛乐团走出国门，到世界演出；撰写相关研究论文，《"阿央白"与佛教密宗的女性观》关注的是云南白族"阿央白"的信仰现象与佛教的关系问题。《中国佛教音乐选萃》正式出版，编选了中国南、北、东、西、中六大主要佛寺的佛曲共42首。大部分解说词为中英文对照，乐谱用五线谱记，是一本难得的具有国际意识的中国佛教音乐研究参考书，共印出了1500册。

2. 主编《中国音乐年鉴》。

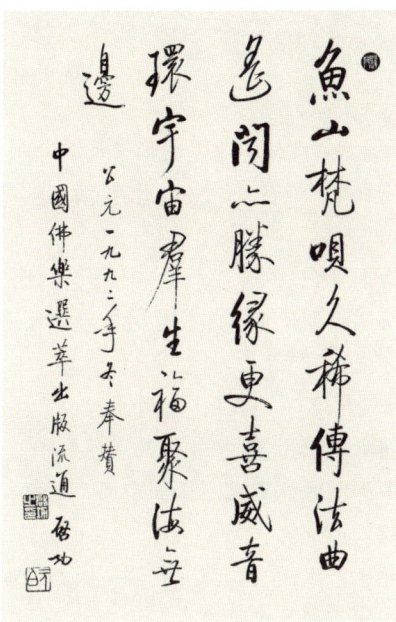

启功先生为《中国佛教音乐选萃》题字

◆ 本年度著作：

《中国佛教音乐选萃》(The Selected Chinese Buddhist Music)，上海音乐出版社。

《梁武帝与佛乐》，《佛教文化》第1期。

《"阿央白"与佛教密宗的女性观》，《中国文化》第1期。

《"长征宣传队"琐记》，《大串连》，知识出版社。

《黄河歌声》，《音乐爱好者》第4期。

《清溪浅水看小荷——听章红艳琵琶协奏曲音乐会》，《人民音乐》第3期。

《宝鼎香赞》(打谱)，《佛教文化》第3期。

《宗教音乐研究》，载《中国音乐年鉴1992》，山东教育出版社。

1994

◆ 4月6日，应白光法师、圣辉法师邀请，开始到中国佛学院为学僧开"佛教音乐"课，此后每周上一次课。

◆ 4月11—28日，参加中国艺术研究院音乐研究所举办的40周年所庆系列学术讲座，并做专题学术报告。

◆ 9月23—27日，赴河北省石家庄市参加"《中国音乐年鉴》第五届学术研讨会"，并与韩锺恩、李江一起主持会议。此次研讨会由中国艺术研究院音乐研究所《中国音乐年鉴》编辑部、河北师范学院、河北省艺术研究所、河北师范大学、《通俗歌曲》编辑部、河北省艺术学校、河北省群艺馆共同主办，河北师范学院、河北省艺术研究所承办。这次研讨会对于《中国音乐年鉴》编辑工作的顺利开展、探讨我国音乐发展的有关问题、繁荣和建设我国音乐事业，都产生了积极的影响。同时，对河北的音乐工作也是一次很好的总结和展望。

◆ 12月2日，在中国艺术研究院音乐研究所参加李元庆诞辰80周年座谈会。

◆ 年度小结：
1. 研究重心仍在佛教音乐，开始到佛学院授课并出版佛教音乐唱片。
2. 主持编纂《中国音乐年鉴》。
3. 撰写音乐评论及音乐游记。

◆ 本年度著作：
主编《中国音乐年鉴1994》，山东友谊出版社。
《关于两份唐代"俗讲"的比较研究》，《比较音乐研究》第2期。

《中国佛教的早晚课》, FAN BAE（梵呗）前言, 法国Radio France国家电台出版社。

FAN BAE（CD 1张）, 法国Radio France国家电台出版社。

《黑指头，红花瓣》,《艺术世界》第6期。

《欧洲地铁里的音乐家》,《音乐生活报》1月7日。

《牛津听乐记》,《音乐爱好者》第5期。

《杨静和她的〈龟兹舞曲〉》,《人民音乐》第Z1期。

《拟沈湘墓碑文》, 载《中国音乐年鉴1994》。

《韦驮赞》（记谱整理）,《佛教文化》第2期。

《波罗蜜多三称》（记谱整理）,《佛教文化》第4期。

1995

◆ 2月，在中央人民广播电台主讲《中国佛教音乐漫谈》，共6讲，每讲30分钟，主持人为中央人民广播电台资深编辑王嘉实。同年由杭州大自然音像公司出版录音带，共3盒。

◆ 春天时节，到湖南衡山录制《三湘佛乐》，此次录音，准备充分，又得到湖南省佛教协会和南岳佛教协会的大力支持，参加录音的人员，全部是南岳最好的，其中宝昙（云锣）、惟正（鼓）、慈莹（木鱼）等为湖南省佛教协会副会长，担任维那的怀园、伴奏的华涛（笛）、大富（笛）、瑞珊（二胡）、法光（二胡）及唱诵的怀恒（兼铛）、脱尘（兼铃）、寂尘、怀聪、演明、大岳、耀祥等人，则是当地中青年僧尼中的佼佼者。在录制过程中，发现这里与潮州开元寺一样，也是"维那"先起腔，乐队跟着找调。开始反思自己当年在潮州录音时所犯的错误，意识到这是中国佛教音乐固有的传统。

◆ 9月9日—10月8日，赴荷兰阿姆斯特丹市，参加 CHIME（《磬》）杂志"东西之声"国际研讨会，会议由欧洲民族音乐学年会举办。后在莱顿大学讲学，宣读论文《中国佛教法事中的音乐是为神还是为人》，同年发表于《音乐艺术（上海音乐学院学报）》第3期。从荷兰带回由英国音乐学家钟思第编辑的《中国民间鼓吹乐》CD两张，由中国艺术研究院音乐研究所图书室收藏。

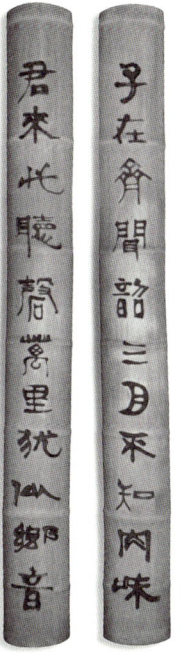

1. 在巴黎研究敦煌经卷

2. 在荷兰阿姆斯特丹市参加CHIME（《磬》）杂志"东西之声"国际研讨会，新加坡学者陈慧珊任翻译

3. 赠荷兰莱顿"磬·中国音乐博物馆"竹质楹联："子在齐闻韶三月不知肉味，君来此听磬万里犹似乡音"

◆ 11月15日，将录制的《中国佛教音乐漫谈》录音带赠予中国佛学院，并在中国佛学院举行捐赠仪式。

1. 与王嘉实一起在中国佛学院向传印法师赠送《中国佛教音乐漫谈》录音带

2.《汉传佛教常用唱诵规范谱本》编辑部成员田青（左2）、李家振（右2）、孙燊（右1）等拜访茗山老和尚（中）

◆在赵朴初先生的关怀下，从1993年到1995年，中国佛教文化研究所组成编辑部，由各地高僧大德担任顾问、田青担任主编，并联合国内数位知名音乐家，对中国各大丛林的唱诵进行了广泛、深入的调查，采访了一些在教内公认唱念好的长老，在此基础上整理、编辑、出版了《中国汉传佛教常用唱诵规范谱本》。

◆年度小结：

1. 工作重心仍为佛教音乐，开始在广播电台讲授佛教音乐，继续录制出版《中国音像大百科·宗教音乐系列·佛教音乐》系列，参加国际学术会议，撰写佛教音乐学术论文，编著《汉传佛教常用唱诵规范谱本》等。论文《雅乐，还是佛乐？——中国文化史上的一桩"冤案"》关注的是音乐史上的一个具体问题，推翻了"雅乐正声"是儒家"正统"的观点，认为从南朝梁开始，因梁武帝整顿雅乐，吸收引进大量佛曲，"雅乐"已为佛教正统，隋唐燕乐中绝大部分都是佛乐，以此来证明佛教对中国文化的重要影响。《中国佛教法事中的音乐是为神还是为人》则通过潮州佛乐和三湘佛乐录制过程中"维那"先举腔的传统，论证佛教法事中音乐的宗教性质，对僧人而言，佛教音乐第一是为佛菩萨，第二才是为众生的。维那的声音之所以神圣，是因为在佛教法事中，金刚上师的所言所唱是代表佛、法、僧"三宝"的声音，法师的"声乐"要高于"器乐"，乐队必须跟着他走。由此他也提出了田野工作中的方法论问题，即"在田野工作中，要充分尊重此文化载体——本地艺术家的意愿、习惯、表达方式，千万不要把自己的文化背景和主观意念强加给别人。要时时记住：在深广浩瀚的中国文化面前，我们永远是小学生"。① 这也是其后来从事学术研究及非遗保护实践所一贯遵循的方法。《〈东方慧光〉的历史价值和现实意义》则是对其借助现代西方音乐技法创作佛教音乐这一实践活动的理论总结，作品的创作目的是"使中国佛教音乐走出庙堂，走

---

① 田青：《中国佛教法事中的音乐是为神还是为人》，《音乐艺术（上海音乐学院学报）》1995年第3期。

出历史,走向世界,走进现代人的心田"。他不满足于"大部分中国佛教音乐依然停留在寺庙的高墙之中,停留在民间音乐的演奏水平上"这一现状,力求通过专业知识分子的介入来提升中国佛乐的层次和艺术水平,这也体现出他对民间艺术的一贯态度:不仅仅要重视民间创作,还要重视知识分子在民间艺术升华为精英艺术过程中的重要作用。

2. 主编《中国音乐年鉴》。

3. 撰写音乐类评论文章。《新旧嬗替 雅俗互换》关注的是如何看待雅乐和俗乐的关系问题。

◆ 本年度著作:

《中国汉传佛教常用唱诵规范谱本》,中国佛教协会佛教文化研究所编,开明音像出版社。

《佛教音乐漫谈》音像带,杭州大自然音像公司,共3盒。

主编《中国音乐年鉴1994》,山东友谊出版社。

《有关唐代"俗讲"的两份资料》,《中国音乐学》第2期。

《中国佛教音乐研究的回顾和展望》,《佛学研究》第2期,《中国音乐年鉴1994》。

《雅乐,还是佛乐?——中国文化史上的一桩"冤案"》,《佛教文化》第1期。

为《当代中国》撰写《中国宗教音乐的研究》。

《中国佛教法事中的音乐是为神还是为人》,《音乐艺术》第3期。

《北京佛乐》盒式音带出版(1盒),并写前言,此音带系《中国音像大百科·宗教音乐系列·佛教音乐》系列之一。

《三湘佛乐》(一套3盒)盒式音带出版,并写前言,此音带系《中国音像大百科·宗教音乐系列·佛教音乐》系列之一。

《中国佛教的朝暮课诵》,《中国汉传佛教常用唱诵规范谱本》前言,中国佛教文化研究所编,开明音像出版社。

《〈东方慧光〉的历史价值和现实意义》,香港《智慧与和平的声音》之《东方慧光》特刊。

《新旧嬗替 雅俗互换》,《文艺研究》第6期。

《李叔同早年的两首爱国词作》,《佛教文化》第4期。
《梵音海潮音 胜彼世间音——〈朝暮课诵规范谱门〉前言》,《佛教文化》第1期。

1996

◆ 3—4月,率领《中国音像大百科》摄制组到西藏地区拍摄藏传佛教音乐,在拉萨、日喀则、江孜等地造访了布达拉宫、色拉寺、甘丹寺、哲蚌寺、大昭寺、小昭寺、扎什伦布寺、夏鲁寺等著名寺院。

◆ 5—6月,率领北京佛乐团参加德国巴伐利亚州"马克欧伯道夫国际宗教音乐节",并访问德国巴伐利亚州音乐学院(现德国维尔茨堡音乐学院)、海德堡大学,捷克共和国查尔斯大学,任副团长,团长为冯其庸先生。演出期间,在查尔斯大学讲座《中国的佛教音乐》。

◆ 8—9月,到四川甘孜地区采录藏传佛教音乐。

◆ 11月14日,在北京音乐厅主持"卿梅静月"重组音乐会。"卿梅静月"是1996年10月成立的民乐组合,由4位优秀的演奏家组成。古筝:范玮卿;二胡:于红梅;琵琶:杨静;扬琴:刘月宁。

◆ 12月1—6日,赴广州参加《中国音乐年鉴》第七届学术研讨会。会议由中国艺术研究院音乐研究所《中国音乐年鉴》编辑部、广州星海音乐学院共同主办,于1996年12月2—6日在广州召开。来自北京、天津、山东、江苏、浙江、福建、广东等地的60余位代表出席了会议。

◆ 在北京音乐厅主持杨静琵琶独奏音乐会。

◆ 与李明路、李家振一起策划在北京当代美术馆举办颜新元藏"湖南水陆道场画展",画展由中国佛教文化研究所、古汉集团主办。并为此撰写前言《水陆道场:是佛,非佛?》。

1. 在西藏采风时拜访《格萨尔》艺人玉美

2、3、4. 在西藏采风

5. 在北京黄寺为《藏传佛教常用唱诵集》录音，左起：李家振、李舜阳、田青，唱诵者为那仓活佛

1. 在捷克布拉格查理斯大学,与外国友人交流

2. 率领北京佛乐团在德国巴伐利亚"马克欧伯道夫国际宗教音乐节"演出

3. 在四川甘孜色西底那仓寺,与那仓活佛、李舜阳交谈

4. 田青、李舜阳在四川甘孜色西底那仓寺与那仓活佛及僧人们合影

5. 在"湖南水陆道场画展"上与颜新元在一起

1

2

3

4

5

◆ 年度小结:

1. 重心仍为佛教音乐,继续到各地采风并录制《中国音像大百科·宗教音乐系列·佛教音乐》系列,率领佛乐团出访,策划筹办佛教水陆画展,创作佛教音乐类电视剧本等。他利用到世界各地讲学的机会,将中国的佛乐团带到世界舞台进行演出,"架构起田野考察与音乐史料相结合、学术研究与实践互动相促进的研究理路"①。

2. 主编《中国音乐年鉴》。

3. 主持民乐音乐会,关注中国民族器乐的发展。

4. 继续关注艺术评论,撰写佛教及音乐类评论文章。

◆ 本年度著作:

创作电视专题片《梵呗法音》剧本,北京高教音像出版社。

《中国的佛道教音乐》,CD《中国民乐百科全集·佛道音乐篇》序,台湾国纶企业有限公司。

《拉卜楞寺佛乐》,CD《拉卜楞寺佛乐》前言及乐曲说明,法国Radio France 国家电台出版社。

《水陆道场:是佛,非佛?》,《佛教文化》第3期。

《历史的性别——从观音菩萨的"变性"谈起》,《东方》第3期。

《音乐,宗教间的桥梁——北京佛教音乐团在德国"国际宗教音乐节"》,《佛教文化》第5期。

《佛教是什么?》,《佛教文化》第6期。

《你说,音乐究竟是为什么人的?》,《歌曲》第7期。

---

① 姚慧:《不忘初心,方得始终——田青学术研究评述》,《黄钟(武汉音乐学院学报)》2017年第3期。

1997

◆ 6—7月，率领甘肃拉卜楞寺佛乐团参加法国"圣·佛罗朗艺术节"，任顾问。

◆ 9月中旬，再赴湖南南岳录制佛乐。

◆ 创作声乐套曲《苏武牧羊》歌词，由黄荟谱曲，著名歌唱家李娜演唱。

◆ 主持"幽兰重奏"音乐会。

1. 甘肃拉卜楞寺佛乐团出访前，在田青的带领下探望赵朴初先生

2. 率领甘肃拉卜楞寺佛乐团参加法国"圣·佛罗朗艺术节"

3. 率领甘肃拉卜楞寺佛乐团参加法国"圣·佛罗朗艺术节"后在北京朝拜白塔寺

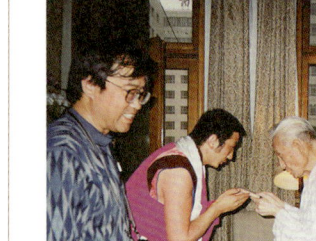

1

2

3

1 2

1. 与作曲家黄荟(左)、马友道(中)在音乐舞蹈史诗《苏武》首演后留影,该剧的创意与音乐来自于田青词、黄荟曲、李娜演唱的大型声乐套曲《苏武牧羊》

2. 主持"幽兰重奏"音乐会

◆年度小结:

1. 继续从事佛教音乐研究及推广工作,率领佛乐团出国访问,继续录制《中国音像大百科·宗教音乐系列·佛教音乐》系列,撰写相关文章。《音乐,宗教间的桥梁——北京佛教音乐团在德国"国际宗教音乐节"》一文站在世界和平的角度解读宗教音乐的作用,虽然世界几大宗教之间存在着矛盾和战争,但宗教音乐却可以加深不同宗教之间的了解和理解,成为化解宗教矛盾的"润滑剂"。

2. 主编《中国音乐年鉴》。

3. 关注民族音乐,创作声乐套曲《苏武牧羊》,主持民乐音乐会,撰写民族音乐研究论文及评论,对中国民族音乐的发展进行了反思和总结。《余其伟与广东音乐的文人化》一文,以广东民族音乐家余其伟的成功经历为例,探讨广东音乐的出路问题,肯定了知识分子对于提升民间艺术的重要作用。《"华韵九芳"与新古典主义》《再谈民族音乐的"第三种模式"》及《世纪末的沉思——田青谈中国民族器乐的"第三种模式"》则承接《余其伟与广东音乐的文人化》一文,以"华韵九芳""卿梅静月""华夏室内乐团"等一批民族室内乐团的经验为例,继续探讨民族音乐在现代社会的出路问题,如何在西方音乐和流行音乐的双重压力下获得新生,既植根于传统,又充满现代气息,找到传统音乐与现代社会的契合点。针对当时音乐界对民族乐队与乐器改革中存在的问题的争论,他将审美无"先进"与"落后"的观点应用到对民族乐器、乐队改革的"彭修文模式"的批判与思考中。"彭修文模式"作为20世纪中叶最普遍、最有代表性的民族音乐的乐队组合形式和创作模式，致力于将欧洲18、19世纪"古典音乐"的和声学、配器法、曲式学运用到民族器乐的创作中，并以西方工业社会的乐器制作标准和西方管弦乐队编制为楷模完成对中国民族乐队的改制。① 田青对此模式却有不同的看法，他认为：这种对传统文化的"改革"，是以从"鸦片战争"以来中华民族的屈辱史为背景的。在学习西方、振兴中华的历史重压下，这些"改革者"们的爱国心、凌云志以及他们出众的才华和想象力，不得不用在了对西方音乐文化的模仿上。他们虔诚地相信只要把我们的民族乐器和民族乐队"改革"成西方乐器和乐队的样子，我们民族的音乐文化就能摆脱"落后"的局面。他们不屑于深挖自己的传统，在某种程度上，还有意无意地割裂了传统。（如不去挖掘仍在中国民间流传的类似"五调朝元"的固有转调方式，不去向那些能用指法和"口风"在一支竹笛上转五个调的老艺人学习而宁可牺牲民族韵味去追求"十二平均律"的"音准"）其思想的深处，其实还有一种隐蔽着的民族自卑感——认为我们的乐器和乐队不如西方的乐器、乐队"科学"；我们的混合律制，不如西方的"十二平均律""科学"。其实，艺术不是科学，在艺术领域，也本没有"先进"与"落后"的区别。② 他认为，应保持民族音乐的纯洁性。"人们在'改革''创新''与时俱进''跟上时代潮流'等冠冕堂皇的口号下，强加给本不属于古老品种发展规律的内容和形式，大大破坏了传统的本色。民乐加入大提琴、大部分剧种加入了电子琴等已经不再具备传统意义的方式，不但不为中国音乐加分，反而令人不辨神色。"③

4. 撰写有关佛教及音乐的评论文章，《阅读死亡》《也谈"悲欣交

---

① 姚慧：《不忘初心，方得始终——田青学术研究评述》，《黄钟（武汉音乐学院学报）》2017年第3期。
② 田青：《再谈民族音乐的"第三种模式"》，《中国音乐》1997年第3期。
③ 张振涛：《其万折也必东——田青近年的行与思》，《人民音乐》2015年第4期。

集"》等文章表达其对生死等问题的态度与观点。

◆ 本年度著作：

主编《中国宗教音乐》，中国宗教文化出版社。

声乐套曲《苏武牧羊》，黄荟曲，李娜演唱，上海声像出版社出版发行。

主编《中国音乐年鉴1995》，大象出版社。

主编《中国音乐年鉴1996》，山东文艺出版社。

《年鉴十年有感》，《中国音乐年鉴1996》，山东文艺出版社。

《中国宗教音乐研究五十年》，《中国宗教音乐》代序，宗教文化出版社。

《佛乐与"通天塔"——记甘肃拉卜楞寺佛乐团访法》，《佛教文化》第5期，《爱乐》第5期。

《阅读死亡》，《艺术世界》第6期。

《也谈"悲欣交集"》，《佛教文化》第5期。

《歌者为谁而歌》，《东方》第1期。

《中国佛乐在德国教堂——记北京佛教音乐团在德国"国际宗教音乐节"》，《人民音乐》第2期。

《余其伟与广东音乐的文人化》，《爱乐》第3期；《中国音乐年鉴》1996年卷。

《〈醒世梵音〉中的不谐和音——兼论两岸如何携手共同弘扬中华传统文化》，《佛教文化》第3期。

《"华韵九芳"与新古典主义》，《爱乐》第5期；《光明日报》1997年7月16日（以《民族音乐出现"第三种模式"》为题）。

《再谈民族音乐的"第三种模式"》，《中国音乐》第3期。

《"三合一"与"五项全能"》，《音乐周报》10月17日。

《蜡烛与抹布》，《文汇报》11月。

《法号与管风琴》，《爱乐》第5期。

《华韵九芳》前言，音乐厅节目单。

1998

◆3月,率领"五台山沙弥乐团"到台湾"台北中山纪念馆"演出,台湾"第一维那"悟一长老亲临现场观看演出,并到后台握着田青的手说:"功——德——无——量!"随后访问台湾南华管理学院、佛光大学,其间,策划并参加台北"佛教音乐学术研讨会",会上宣读论文《禅与中国音乐》,同年发表于《中国音乐学》第4期。行前获赵朴初先生约见,请其转交写给星云大师的亲笔信。

◆3月6日,在台湾佛光山与星云大师见面,相谈十分投缘。大师表示他永远是中国人,他的心始终向着祖国。大师还赠之墨宝"田青教授 法音宣流 星云 一九九八年三月六日"。回京后,他向赵朴初先生详细汇报了与星云大师的会见情况,并建议统战工作应该团结像星云大师这样具有强烈爱国心、力主两岸统一并具有重要社会影响力的宗教领袖,得到了朴老的肯定,随后他将与星云大师会面的情况以书信的方式写给朴老,朴老又将此信转交给相关部门。

◆访台期间,在学生林金环家与悟一长老晤谈。

◆经过十年不懈努力,包括《津沽梵音》《五台山佛乐》《潮州佛乐》《天宁寺唱诵》《重庆罗汉寺焰口》《九华山水陆》《云南佛乐》《北京佛乐》《三湘佛乐》《三皈依》《喜马拉雅神韵》等30盒传统佛教音乐系列磁带的《中国佛乐宝典》终于出齐。赵朴初先生欣然提下"中国佛乐宝典"六个大字,并连声对田青说:"功德无量!功德无量!"赵朴老又赠之墨宝"梵音海潮音胜彼世间音 赵朴初"。

1

2

3

1. 和李家振（后排中）、李鸿儒（后排右）与五台山小沙弥乐团成员在一起

2. 星云大师赠送的墨宝

3. 在台湾讲学时，与星云大师首次会面

1. 在台湾高雄佛光山

2. 率领五台山小沙弥乐团访台期间，与台湾"第一维那"悟一长老（左2）在学生林金环（左1）家中

3. 在北京为全国政协常委、中国佛教协会副会长、中国藏语系高级佛学院副院长、青海塔尔寺却西活佛录音，收入《中国佛乐宝典》

◆ 年度小结:

1. 继续从事佛教音乐研究及推广工作，率领佛乐团出访，拜访佛教高僧大德，整理出版《中国佛乐宝典》，撰写佛乐研究论文等。《中国佛乐宝典》对汉传、藏传、南传三大语系的中国佛教音乐所进行了"原汁原味"的忠实记录，保存了中国传统佛教音乐的精华，是研究中国佛教音乐不可多得的宝贵资料。论文《禅与中国音乐》论述了佛教，尤其是禅宗对于中国音乐的影响。

2. 主编《中国音乐年鉴》。

3. 关注中国民族音乐的发展，作为一个民族音乐学家，他不仅关注中国民族音乐的现状，而且也非常关注其理论研究。如果说《"华韵九芳"与新古典主义》《我们的乐器和乐队不如西方的乐器、乐队科学吗？》等文章是从实践方面探讨中国民族音乐，尤其是民族器乐的出路问题，那么《智化寺音乐与中国音乐学》则是探讨中国民族音乐学在当下的理论研究状况。

4. 本年度是其思想火花大爆发的时期，撰写了多篇有关佛教、音乐及其他艺术的散文、评论文章，集中体现了他对于艺术、对宗教、对人生的领悟与理解，如《在凡·高墓前》谈的是众生平等问题，而《孤岛访谈录》则谈的是对生命、对孤独、对自由等的领悟。

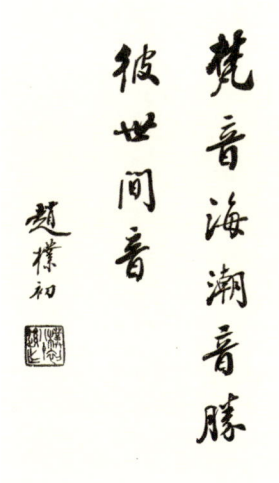

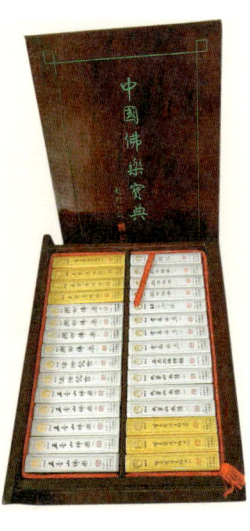

1. 赵朴初先生赠送的墨宝
2. 《中国佛乐宝典》书影

◆ 本年度著作：

主编《中国佛乐宝典》，由上海音像公司出版发行，包括《津沽梵音》（2盒），《五台山佛乐》（5盒），《天宁寺唱诵》（2盒），《重庆罗汉寺焰口》（4盒），《潮州佛乐》（4盒），《九华山水陆》（4盒），《云南佛乐》（3盒），《北京佛乐》（1盒），《天津大乐》（1盒），《三湘佛乐》（3盒），《三皈依》（1盒），《西藏天籁》（1盒），此乃之前盒式音带的结集。

主编CD《清凉梵音》（1盒），中国文采声像出版公司发行。

论文《佛教音乐的华化》英文版，CHIME（《磬》）（荷兰），译者陈慧珊。

《智化寺音乐与中国音乐学》，《中央音乐学院学报》第2期。

《在凡·高墓前》，《光明日报》2月26日。

《昨天的魅力——从"红色经典"谈文艺界的"怀旧"风》，《艺术家》第3期。

《我与佛教音乐及〈苏武牧羊〉》，《音乐爱好者》第2期。

《笑声与梦魇——看话剧〈科诺克或医学的胜利〉》，《北京青年报》1月。

《在音乐中谛观生命》，《音乐周报》9月17日。

《沈湘不朽》，《音乐生活报》11月12日。

《"杜兰朵"与"图兰多"孰美》，香港《明报月刊》第10期，《方法》第9期。

《禅与中国音乐》（上），《中国音乐学》第4期。

《我建议大家都到孤岛上去读〈金刚经〉》，载黄集伟《孤岛访谈录》，作家出版社。

《漂流音乐长河——读冯文慈先生〈中外音乐交流史〉》，《人民音乐》第12期。

《拉卜楞寺藏传佛教音乐首演北京音乐厅》，《乐器》第6期。

《文殊菩萨颂》（打谱），《佛教文化》第5期。

《我们的乐器和乐队不如西方的乐器、乐队科学吗？》，《乐器》第4期。

1999

◆ 4月，辞去《中国音乐年鉴》主编职务，并推荐由韩锺恩担任此职。

◆ 5月10—11日，在中国艺术研究院音乐研究所学术厅参加香港大学亚洲研究中心院士、香港岭南大学文学与翻译研究中心音乐研究所特约研究员刘靖之学术专著《中国新音乐史》研讨会。

◆ 暑假，在北京市少年宫为学生主讲音乐。

◆ 7月13日，在中国艺术研究院音乐研究所与韩锺恩、常静一起接待来访的法国国家科研中心名誉研究员米哈依·埃尔费。

◆ 8月7—12日，赴内蒙古呼和浩特参加《中国民族民间器乐曲集成·内蒙古卷》全国初审会，其间考察内蒙古民族音乐。

1. 主编的《中国音乐年鉴》书影
2. 考察内蒙古民族音乐，试奏马头琴

1. 赴韩国参加韩国国立音乐院举办的"东洋佛教声乐研讨会",田青(左),乌兰杰(中)

2. 与荷兰音乐家高文厚在捷克布拉格的查理斯大桥

3. 北京佛乐团在捷克演出

4. 北京佛乐团在比利时演出

1

2

3

4

◆ 8月，赴韩国参加韩国国立音乐院举办的"东洋佛教声乐研讨会"，宣读论文《北京佛教音乐的器乐化》。

◆ 9月，担任团长，带领北京佛乐团访问西班牙、捷克共和国、比利时，其间参加比利时古典音乐节以及捷克布拉格音乐学院CHIME（《磬》）东亚音乐研讨会，宣读论文《"京音乐"与"怯音乐"——北京佛教音乐中的"都市派"和"农村派"》。

◆ 10月29日，与韩宝强、韩锺恩、秦序、栾桂娟、项阳等一起，接待以希腊雅典大学民族音乐系教授、希腊民族乐器博物馆馆长兰普罗斯·里亚（Lambros Ltavas）为团长的希腊艺术家代表团一行5人来中国艺术研究院音乐研究所进行学术交流。

◆ 11月8—13日，在京郊九华山庄参加"纪念杨荫浏诞辰100周年国际学术研讨会"。10日晚，在中央音乐学院礼堂主持"杨荫浏收集记录、整理作品音乐会"。

◆ 本年职称评定为研究员。

◆ 本年度招收第一名音乐学专业硕士研究生袁瑾。

◆ 年度小结：

1. 主要关注仍为佛教音乐，参加相关学术研讨会，撰写相关学术论文。《北京佛教音乐的器乐化》与《"京音乐"与"怯音乐"——北京佛教音乐中的"都市派"和"农村派"》主要谈的是北京佛乐的传承与发展问题，北京的佛教音乐存在以智化寺为代表的"京音乐"派和流行于京郊农村的"怯音乐"两个派别，二者在乐器及编制、乐曲及法事内容以及传承方式上都有很多相同之处，都是为了为主家超度亡灵，祈福求安，只不过智化寺保存的佛乐更符合古代佛乐的全貌，而京郊农村的乐班则更多地吸收了民间音乐和当代音乐的成分，以满足事主的不同需求。

1. 在上海采访贺绿汀

2.《老歌》书影

1　　　　　　　　　　　　　2

2. 出版诗集《老歌》。诗集选取了20世纪流传在中国的100首本土创作歌曲，为每首歌写了一首新诗，还尽可能地配发了该首歌流传年代的标志性图像，"是一部以歌为载体的20世纪中国知识分子的心灵史"①。尤其是表达了对20世纪一些著名作曲家的景仰与缅怀，包括赵元任、刘雪庵、萧友梅、黎锦晖、青主、黄自、聂耳、冼星海、贺绿汀、郑律成、周巍峙、王莘、劫夫、王酩、施光南等。音乐学家刘再生评论说："《老歌》的诗作，实际上是一种音乐的评论，一种历史的思考，一种人生体验的抒发，而所有这一切，都是用充满智慧的诗的语言和思想家的哲理闪闪发光地表现出来的。"②

3. 继续从事艺术评论，撰写有关佛教、音乐等的散文、评论。

---

① 刘红庆：《佛心学侠——田青和他所可以改变的》，北京十月文艺出版社2007年版，第160页。
② 刘再生：《诗人的智慧 深邃的哲理——读田青编著〈老歌〉有感》，《嘤鸣集——刘再生音乐评论文集》，上海音乐学院出版社2015年版，第194—197页。

◆ 本年度著作：

《老歌》，山西教育出版社。

《在〈黄河大合唱〉的角色交替背后》，《星海音乐学院学报》第4期。

《谁是上帝？——权力与流行文化谈》，《中国百老汇》第5期。

《中国佛乐 再奏欧洲》，《佛教文化》第6期。

《漂流音乐长河——读冯文慈先生〈中外音乐交流史〉》，《人民音乐》第1期。

《穿越时空隧道——听台湾汉唐乐府〈艳歌行〉》，《光明日报》4月15日。

《杜聪印象》，《中国艺术报》4月23日。

《是佛？还是魔？》，《佛教文化》第4期。

《中国佛乐宝典》前言，《佛教文化》第5期。

《禅与中国音乐》(下)，《中国音乐学》第1期。

《慈悲如一 普度无二》，《佛教文化》第6期。

2000

◆ 1月，田青作词、黄荟作曲的声乐套曲《苏武牧羊》荣获新闻出版署"首届国家音像制品奖提名奖"。

◆ 1月底—2月初，带领"中国五台山佛乐团"到"台北中山纪念馆"音乐厅等地演出，担任顾问。同时策划并出席在台湾举办的"第二届中国佛教音乐研讨会"。

◆ 3月中旬，在中国艺术研究院音乐研究所为前来游学的香港中文大学音乐系学生授课。

◆ 4月，担任中央电视台第九届青年歌手大奖赛评委，因批评"罐头歌手"，呼吁张扬个性，痛斥"千人一声"的学院派民族唱法，引起全国观众的极大反响。因打分较低，在音乐界被称为"冷面杀手"。

◆ 4月24—27日，应武汉音乐学院音乐学系和研究生部的邀请，到武汉音乐学院进行了为期4天的讲学活动。讲授"佛教与音乐""中国民族音乐的现状与未来"等内容。

◆ 5月19日，所主编的《中国佛乐宝典》在北京广化寺举办正式发行新闻发布会，朴老夫人陈邦织女士代朴老致辞。两天后，朴老在北京辞世。朴老去世前，田青曾到北京医院探望。

◆ 8月10日，赴内蒙古师范大学音乐系参加"中国传统音乐学会、中国少数民族音乐学会联合年会"（传统音乐学会第11届年会），15—25日赴南疆考察。

◆ 12月，因在完成国家社科基金重大项目"中国民族民间文艺集成志书"编审工作中取得显著成绩,被全国艺术科学规划领导小组授予"文艺集成志书优秀编审工作奖"。

1　2

3

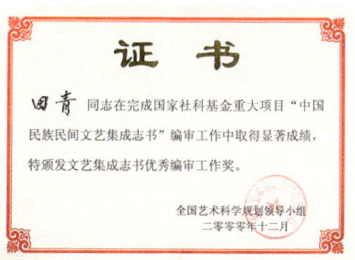

4

1. 声乐套曲《苏武牧羊》荣获新闻出版署"首届国家音像制品奖提名奖"

2. 在中央电视台"第九届青年歌手大奖赛"上

3. 在北京医院探视赵朴老

4. 被授予"文艺集成志书优秀编审工作奖"

◆年度小结：

1. 继续佛教音乐的研究及推广工作，率乐团出访，策划佛教音乐研讨会，撰写相关论文等。《杨荫浏与中国宗教音乐》总结了杨荫浏先生对于我国宗教音乐理论与实践方面的重要贡献，也表明了田青对于包括中国传统音乐在内的传统文化的一贯态度。

2. 担任"青歌赛"评委，批评"千人一声"的学院派唱法，主张发扬个性。他说："我把个性歌手的沉寂与'罐头歌手'的批量生产归结于一个时代的共同审美需求和生产方式的改变：王昆的时代中国处在农业社会，农业社会的审美特点就是个性化、地域化，与民间有着深厚的联系。现在这些歌手是工业社会的产物，是音乐学院的产品。工业社会所推崇的，是科学化、规范化。而科学化、规范化的结果，就是我们具备了批量生产歌手的能力，但却抹杀了个性。"① 《艺术不是科学》一文批判了声乐界所谓的"科学唱法"，呼吁在艺术领域里不能把"科学性"置于艺术本质之上，不能以"科学性"作为衡量艺术水平、艺术价值的最高标准，更不能用"规范化""标准化"的大工业生产方式制造艺术家和艺术品。指出艺术院校培养的应该是艺术家，而不是"技术员"。《理论家亮出黄牌：拒绝平庸》同样也提出"艺术不能标准化，艺术必须有个性"，指出了当时声乐创作及演唱所存在的问题，呼吁"张扬个性、拒绝平庸"。这些掷地有声的观点极大地影响了中国声乐的发展路径。

3. 散文集《历史的性别》出版，主要收集其各种艺术随笔、评论等，是其关于艺术审美尤其是音乐美学的札记。

4. 作为一个学者，非常欣赏中国古代文人、艺人洁身自好、人格独立的品质，并多次撰文赞扬。《毕竟，我们还有这样一个传统》一文中对贺绿汀这样评价："贺绿汀是中国音乐界最后一位令所有人尊敬的人，他始终是音乐界的良心。"在《老歌·致贺绿汀》一诗中，他亦高歌：

---

① 刘红庆：《佛心学侠——田青和他所可以改变的》，北京十月文艺出版社2007年版，第177页。

……
中国知识界有了你,
才敢说:
在精神世界
我们始终没有放弃思想。
中国音乐界有了你,
才敢说:
我们的歌
只能发自心房。
……

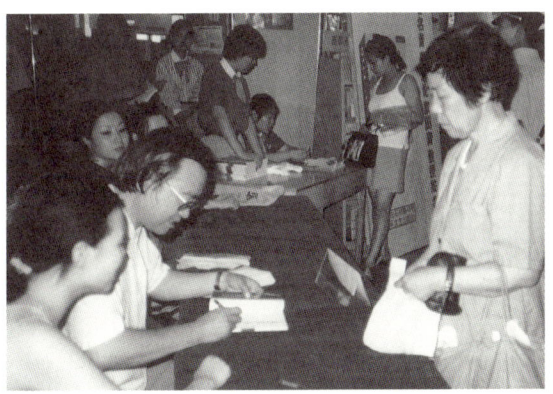

1.《历史的性别》签售会

2. 与著名画家慧禅法师(史国良)在《历史的性别》签售会上

《历史的性别》
书影

◆ 本年度著作：

散文集《历史的性别》，解放军文艺出版社。

《杨荫浏与中国宗教音乐》，《音乐研究》第1期。

《艺术不是科学》，《文艺报》11月25日。

《毕竟，我们还有这样一个传统》，《读书》第5期。

《礼赞黑色——读陈铭道〈黑皮肤的感觉〉》，《人民音乐》第7期。

《梵呗声声永 哀思阵阵长——朴老与佛教音乐》，《佛教文化》第Z1期。

《金戈铁马与文化的互动》，《解放军报》9月1日。

《答友人》，《北京晚报》7月26日。

《婚姻·爱情·礼乐》，载陈非子《创造伊甸园》，新华出版社。

《画扇面·序》，载郭忠萍《画扇面》，远方出版社。

《理论家亮出黄牌：拒绝平庸》，《文艺报》7月8日。

2001

◆ 5月18日下午,联合国教科文组织总干事松浦晃一郎在巴黎教科文组织总部首次宣布了教科文组织"人类口头和非物质遗产代表作"名录。宣布的"代表作"共有19个,中国昆曲艺术居于榜首。在中国昆曲申报过程中,田青全程参与论证。但此事在国内并未引起充分关注,国内各大媒体只发表了一篇豆腐块大的报道。

◆ 7月6日,香港大学音乐系学生一行25人在陈庆恩、张振涛的带领下,来音乐研究所进行为期两周的"中国音乐文化研习班"学习。田青为之讲授"宗教音乐"课程。

◆ 9月8日下午,在北京"全安皇都饭店"二楼会议厅主持"纪念汪昱庭先生逝世50周年琵琶演奏会"预演。演奏会前,举行了汪昱庭先生生前用过的琵琶传赠仪式。汪派第三代传人李光祖将汪昱庭先生生前用过的清代名贵琵琶"双凤紫檀木"传给弟子郝贻凡。至此,该琵琶已在汪派流传了四代,成为佳话。

◆ 9月14日,在中央音乐学院大礼堂主持"纪念汪昱庭逝世50周年琵琶音乐会——汪派琵琶演奏会"正式演出,音乐会由中国艺术研究院音乐研究所、中央音乐学院民乐系主办。

◆ 10月,应台湾佛光大学艺术学研究所邀请,赴台任特聘教授,为其研究生开设"中国佛教音乐""中国古典美学""大陆当代音乐"三门课,共一学期。

1. 主持"纪念汪昱庭先生逝世50周年琵琶演奏会"

2. 在"纪念汪昱庭先生逝世50周年琵琶演奏会"上与汪天伟（左）、李光祖（中）合影

3. 与台湾佛光山心定法师合影

4. 在台湾花莲，体验阿美族巫师进行除秽仪式

5. 在台湾高雄

6. 在台湾佛光大学教师宿舍

1

2

4

3

5

6

与刘索拉对话，收入《行走的刘索拉——与刘索拉对话录》

◆ 年度小结：

1. 开始参与非物质文化遗产保护工作，全程参加中国昆曲艺术参选联合国教科文组织"人类口头和非物质遗产代表作"名录。

2. 继续研究佛教音乐及民族音乐，到台湾讲授佛教音乐、中国古典音乐及大陆当代音乐等课程，帮助台湾青年了解大陆各个时代的音乐，使音乐成为两岸交流的桥梁。

3. 研究重心转移到中国传统文化的传承与保护上。《面对"悲欣"总茫然》强调佛教对于中国传统文化的重要性，呼吁知识分子要多学习佛教。《科学·宗教·艺术——兼谈人类认知世界的三种不同方式》主要谈的是科学、宗教与艺术三者的关系问题，其观点为：一、科学不能代替宗教；二、科学不能统治艺术；三、科学、宗教、艺术是人类认知世界的三种不同方式，各有其存在价值，彼此不可替代。艺术要多元化和个性化，应鼓励艺术领域的自由创造。《中国音乐传承中的人与德》讲的是传统文化的传承问题："在中国文化传承的传统中，有一种超功利的崇高精神，有一种对文化的发自内心深处的尊重和热爱。在真正的中国文化人看来，文化不是自己的私产，更不是追名逐利的工具，而是全民族乃至全人类的财产。""为了这份文化遗产的传递，为了这颗火种的薪传，中国的文化人会毫不犹豫地牺牲自己的一切，而且，还怀着一颗平常心，认为这是理所当然的、天经地义的事情。"[1] 这种超功利的人文精神也是其一生所追求和践行的。《中国音乐学：一个悲观主义者的呓语》则基于中国音乐学的研究现状而阐述对其发展前景的担忧。《行走的刘索拉——与刘索拉对话录》《与艺术结婚后怎么办？——吕胜中 VS 田青》等关于音乐及其他艺术的对话，话题涉及艺术创作的"色"与"音"，"古"与"今"，"东"与"西"，"雅"与"俗"等，其所关注的还是艺术的真实性，最根本的问题仍归于中国传统文化的传承与保护。

◆ 本年度著作：

《科学·宗教·艺术——兼谈人类认知世界的三种不同方式》，载侯样祥编《我的人文观》，江苏人民出版社。

《魏晋南北朝佛教音乐史略》，《2000年佛学研究论文集——佛教音乐2》，台湾佛光文化事业有限公司。

《中国音乐学：一个悲观主义者的呓语》，《黄钟（武汉音乐学院学报）》第1期。

《沈约及其〈宋书·乐志〉》，《中国音乐学》第1期。

《面对"悲欣"总茫然》，《读书》第4期。

《中国音乐传承中的人与德》，台湾：《北市国乐》第173期。

《舞者如歌——资华筠》，载资华筠《学而年轻·序》，东方出版社。

《行走的刘索拉——与刘索拉对话录》，载刘索拉《行走的刘索拉——兼与田青对话及其他》，昆仑出版社。

---

[1] 田青：《中国音乐传承中的人与德》，台湾：《北市国乐》2001年第173期。

2002

◆ 1月，中国艺术研究院批准成立宗教艺术研究中心筹备组，田青担任组长。

◆ 1月中旬，结束在台湾佛光大学一学期的客座教授工作后回京。

◆ 3月11日，经过无记名投票，与居其宏、秦序、乔建中、栾桂娟、萧梅、蔡良玉一起当选为中国艺术研究院音乐研究所学术委员会委员。

◆ 5月，担任中央电视台"CCTV第十届全国青年歌手电视大奖赛"评委，对藏族歌手索朗旺姆鼎力提携，最终索朗旺姆获得"CCTV第十届全国青年歌手电视大奖赛"业余组民族唱法第一名，并在5月16日晚获得"最受观众喜爱的歌手奖"。

◆ 参加中国艺术研究院音乐研究所举办的庆贺曹安和、缪天瑞、李纯一、郭乃安4位老先生获得"中国音乐'金钟奖'终身荣誉奖"庆祝会。缪天瑞先生于2001年获得"第一届中国音乐'金钟奖'终身荣誉奖"，曹安和、李纯一、郭乃安3位先生于2002年获得"第二届中国音乐'金钟奖'终身荣誉奖"。田青为4位先生各撰并书一联句，给曹安和先生的联句是："紫箫碧琶，百年难得真知己；玉蕊冰花，一生不改最初心。"

祝贺曹安和、缪天瑞、李纯一、郭乃安4位老先生获得中国音乐"金钟奖"终身荣誉奖，前排左起：李纯一、缪天瑞、郭乃安、孙慎，后排左起：韩宝强、田青、居其宏、乔建中、冯洁轩、崔宪、张振涛、王子初

◆ 9月底，在山西左权参加"山西·左权民歌小花戏创新与发展研讨会"，发掘羊倌歌手石占明。其时，正值文化部民族民间文化发展中心主任李松邀请田青共同筹办的"首届南北民歌擂台赛"经过各省推荐选拔初赛、复赛之后即将进入决赛阶段，田青遂致电李松，以个人身份推荐石占明直接进入决赛。

◆ 9月起，宗教艺术研究中心接受国家宗教事务局的委托，筹备拍摄16集电视专题片《宗教在中国》，田青担任总策划、总导演，希望以客观公正的视角让观众在看后了解到佛教、道教、基督教、天主教、伊斯兰教在中国的历史、社会地位与影响及相关知识，了解这五大宗教的现状，了解广大教徒现在的生活状况和思想活动，全面介绍中国的宗教状况，包括中国目前有哪些宗教，中华人民共和国成立以来所制定的宗教政策和法规。其中5集采取纯纪录片的形式，分别在五大宗教里各选择一位代表人物，即一个僧人、一个道士、一个神父、一个牧师、一个阿訇，这五个人有不同的年龄层，不同的背景，但都有代表性，真实、生动地记录这个"人"的生活，比如用"纯记录"方式，拍一个年轻僧人或佛学院学生一天的生活——《小沙弥的一天》，从清晨上殿开始，到晚上歇单止，真实反映宗教徒的日常生活。其中5集采取专题片的形式，分别介绍五大宗教的文化和艺术，如我国十大石窟艺术，其中敦煌石窟、云冈石窟、龙门石窟、麦积山石窟的壁画、雕塑，堪称世界艺术的瑰宝。我国现存古代建筑如嵩山嵩岳寺砖塔、应县大木塔、五台山南禅寺、佛光寺等，均是研究我国古代建筑的珍贵实物。而乐山大佛、雍和宫大佛、扎什伦布寺大佛，更是雕塑史上的奇迹。其他如"曹衣出水、吴带当风"（曹仲达、吴道子）的画法，我国古代的雕版印刷术，以及怀素的草书，等等，无不是我国宝贵的文化遗产。而天主教、基督教传入中国后，也逐渐与中国文化融合，产生了一些具有浓郁民族风格的宗教艺术，如在中国一些偏僻地区流传的用中国民族乐器和民族音调演唱的赞美诗等。

◆ 10月，出席在浙江仙居举行的"第一届中国南北民歌擂台赛"，担任评委兼主持人。10月15日，由其直接举荐进入决赛的山西左权羊倌歌手石占明获得"首届中国南北民歌擂台赛"的"歌王"称号。

◆ 12月4日，邀请甘肃拉卜楞寺佛乐团来中国艺术研究院进行学术交流演出。中国艺术研究院常务副院长王文章会见了佛乐团所有成员并讲话，佛乐团向王文章院长敬献哈达并赠送礼物。这次演出是宗教艺术研究中心自筹备成立以来组织的第一次大型活动。著名音乐家王昆、著名指挥家刘森及著名宗教活动家李家振等都来观看了演出。

1. 在"第一届中国南北民歌擂台赛"上，和本届歌王石占明（右1）等人在一起

2. 和老友李家振合影

3. 为拉卜楞寺道得尔乐队题字"道得尔"

◆ 12月8—11日，参加中国艺术研究院在北京五洲大酒店举行的为期4天的"人类口头和非物质遗产抢救与保护国际学术研讨会"。

◆ 12月29日晚，应中央民族乐团邀请，田青策划并主持的大型民乐新年音乐会——"江山如此多娇——神华之声2003新年音乐会"在人民大会堂举行，其特意安排了黄河流域的一组原生态民歌，邀请索朗旺姆、石占明、西部"歌王"王向荣等民间歌手献唱。

◆ 参与古琴申报"联合国人类口头和非物质文化遗产代表作"的申报工作，并担任了文本撰写和申报片的编导工作。因时间紧迫，不可能全部重新拍摄，只好调阅中央电视台所有已拍摄过的有关古琴的影片，按需要重新剪辑（此为国家任务，故可以征用有关资料），并同时补拍一些必需的镜头。田青带着助手在中央电视台机房连续工作三昼夜，以高度的爱国热情和知识分子的责任感，在国家需要的时候，充分发挥聪明才智和连续作战的奋斗精神，在中国艺术研究院和中央电视台的配合下，只用一周时间便成功完成了《中国古琴艺术》申报片的拍摄任务，按时上报给联合国教科文组织总部。

◆ 年度小结：

1. 继续从事宗教及宗教艺术的相关研究及推广。成立宗教艺术研究中心，从事宗教艺术的实践工作，拍摄电视专题片，组织佛乐演出等。佛教音乐论文集《净土天音》乃是之前佛教音乐研究的成果汇集。《梵呗——人间佛教的弘法之舟》论述佛教音乐对于弘法的重要意义；《我所看到的台湾佛教》则是讲述佛教对台湾社会的影响。田青关于佛教及佛教音乐的诸多文章，其核心仍在于佛教对于中国文化及中国社会的影响，不仅是思想理论等上层建筑方面的影响，还包括民众日常社会生活方面的影响。无论是著书立说还是策划、参与各种活动，其更注重于身体力行推广佛教及佛教文化。

2. 关注民间艺术尤其是民族声乐（包括民歌）的传承与保护问题，担任"青歌赛"及民歌比赛评委，策划民乐音乐会，积极为民间歌手争取主流媒体的承认。《与艺术结婚后怎么办？——吕胜中VS田青》《民族声乐教学拒绝"罐头歌手"》《生命之树 理论之水》等文章都谈到了民族声乐的教育问题："音乐上强调科学唱法强调到一个非常可怕的地步。贬低对方时就说这种唱法不科学，一句话就打入冷宫了。科学变成艺术上最高的褒奖的词汇了，这个是不对的，艺术跟科学是两回事。"认为唱歌靠的是感觉，"这种感觉好像禅宗修行，这叫如人饮水，冷暖自知；既无法用语言确切表述，更不能替代"。"艺术，它跟科学有互相交叉融会的地方，所以艺术里有科学的东西，但是艺术本质上是反科学，或者是跟科学走截然不同的路。科学讲可重复性……规范化，……艺术就要独特，不能重复；重复别人叫抄袭，重复自己叫自渎。它必须超越，必须创造，必须与别人不同，甚至自己今天与去年不同，这是艺术孜孜以求的东西。"而艺术院校声乐教育用"科学化"教学方法教育学生，"恰恰阉割了艺术的本质的东西，是反艺术的"[1]。

3. 参加非物质文化遗产保护工作，参与古琴申报"联合国人类口头和非物质文化遗产代表作"的申报工作，由其负责制作的《中国古琴艺术》申报片对古琴的成功申报起了至关重要的作用。

◆ 本年度著作：

佛教音乐论文集《净土天音》，系"杨荫浏中国音乐学研究基金"资助的学者论文集《中国音乐学研究文库》之一，山东文艺出版社。
《佛教与中国音乐》，台湾《普门学报》第7期。
《梵呗——人间佛教的弘法之舟》，台湾2002年佛学研究论文集《人间佛教》，佛光山文教基金会。
《我所看到的台湾佛教》，《佛教文化》第2期。
《与艺术结婚后怎么办？——吕胜中VS田青》，《中国世界》第10期。
《民族声乐教学拒绝"罐头歌手"》，《音乐周报》11月15日。
《生命之树 理论之水》，《光明日报》6月5日。

---

[1] 以上内容均引自《与艺术结婚后怎么办？——吕胜中VS田青》，《中国世界》2002年第10期。

2003

◆ 1月，中国艺术研究院批准成立宗教艺术研究中心，田青担任主任。

◆ 4月9—11日，中国艺术研究院宗教艺术研究中心与河南嵩山少林寺合作，在河南登封共同举办"第一届少林功夫国际学术研讨会"，此次会议是国内首次由民间团体组织召开的有关中国传统武术尤其是少林武术的国际学术研讨会，对中国民间武术的发展有深远影响，同时也在国内外产生了积极的社会效应，意义重大。田青在会上做主题演讲，强调少林功夫"禅武结合"的传统，禅是魂，是本，是内容，武是其载体和表现形式。

在"第一届少林功夫国际学术研讨会"上发言

◆ 6月3日，被国务院学位委员会聘为国务院学位委员会第五届学科评议组（艺术学评议组）成员。

◆7月21日，在中国艺术研究院参加由中国艺术研究院音乐研究所、中国音乐学杂志社、《中央音乐学院学报》编辑部、《音乐周报》联合举办的"纪念贺绿汀诞辰百年座谈会"。

◆8月，到山西采风，到太行山深处的左权县红都村，看望了羊倌歌手石占明及其家人；在左权县城第一次聆听了左权盲人宣传队的演唱，深感震撼，当场决定找机会将他们带到北京，介绍给音乐界和广大民众。回京后写下《阿炳还活着》《向天而歌》等轰动一时的文章，第一个将这支在太行山深处默默无闻的盲人宣传队带到公众的视野中。

1

2

1. 在左权县红都村，与羊倌石占明一起演奏左权小花戏

2. 在左权县，夜听盲人宣传队的演唱

1.《艺术评论》创刊号海报

2. 带领左权盲人宣传队到北京高校进行"当代阿炳——太行盲艺人北京高校行"系列演出活动。这是在首都师范大学进行的首场演出，田青主持

1

2

◆9月，被任命为《艺术评论》杂志主编，10月底完成创刊工作。创刊号封面的颜色为纯黑色，他解释说：像包公的脸谱一样，"黑，代表公平、公正。……在社会大变革的今天，商业炒作大大地干预着我们的艺术生活，各种各样假借艺术的名义谋求艺术以外的利益甚至祸及艺术、艺术家的事情常有发生。对艺术、艺术规律的不尊重，就是对文化的不尊重，对民族历史的不尊重。艺术上的创伤，往往演绎成整个民族的创伤，民族的灾难。"而新创刊的《艺术评论》，则是要"敢于直面伪艺术，倡导艺术良知"。"我们反对四平八稳的评论，我们不希望精辟的观点淹没在大量的套话

里，我们选择了黑脸，不是因为黑脸受人欢迎，而是今天的社会、今天的艺术界缺少黑脸这样的角色。"针对商业品牌的"纳西古乐"申遗一事，他顶住各种压力，在创刊号上刊发了中国传统音乐学会常务理事、《中国民族民间器乐曲集成·云南卷》主编、音乐学家吴学源的文章《"纳西古乐"是什么东西？》，厘清了"纳西古乐"的历史传承和来源，揭示了宣科及其组建的"丽江县大研镇古乐队"的真正目的。"本来一些人靠演奏民族音乐赚点钱很正常，但是'纳西古乐'却制造了艺术界一个最大的谎言。所以我们请云南的民族音乐学家撰文，告诉世界：'纳西古乐'究竟是什么东西！如果我们不出来说话，任凭'纳西古乐'的炮制者这样鼓吹下去，我们就无法向世界交代，无法向我们的子孙交代。"但此举也引起了相关利益者的不满，引发了《艺术评论》杂志社与丽江宣科纳西古乐文化有限公司负责人宣科的名誉侵权官司。2003年《艺术评论》共出刊3期。

◆ 10月9日，同张振涛、萧梅一起赴贵州省黎平县参加"侗族大歌节"。

◆ 10月10—16日，受宗教艺术研究中心邀请，山西省左权县盲人宣传队到北京高校进行了"当代阿炳——太行盲艺人北京高校行"系列演出活动，走进了首都师范大学、中央音乐学院、中国人民大学等高校，在首都大学生中引起很大反响。本次活动缘起于8月份的太行山采风之行，无意中听到了这群盲人的演唱，当时深受感动。他说："而事实上，我遇到盲艺人或者盲艺人遇到我，都是一种缘，不刻意求取什么，顺其自然。同时，与这样的盲人艺术家比，我们有更多的条件来享受世间的美好，因此应该珍惜我们身边的幸福。"回京后立即与首都高校协商，确定盲艺人赴京演出节目，并担任了本次演出的主持人。中国艺术研究院王文章院长亲临首师大观看了首场演出并发表讲话。王昆、王范地、王西麟、滕矢初、宋飞、成方圆、崔健、李陀等音乐界知名人士也都亲临现场观看演出。本次活动受到了首都媒体的广泛关注：《北京晚报》《北京晨报》《京华时报》《华夏时报》都刊发了消息，《北京青年报》

拿出整版特别报道了这一文化事件,《人民日报》先发了图片新闻,紧接着从节目单上选了田青的《阿炳还活着——听山西左权盲人艺术团演唱》一文在显眼的位置刊发。浙江电视台在11月5日播出了关于这一活动的纪录片,一家唱片公司也将现场录音制成CD出版。

◆为传播和弘扬佛教文化,配合南山海上圣像开光法会的隆重举行,宗教艺术研究中心受海南南山海上观音圣像工程指挥部的委托,为其量身定制音乐剧《观世音》文学剧本,全剧音乐及全部美术、服装、灯光等设计。双方于2003年10月签订了正式合同。

在海南,与钱绍武先生一起商讨南山海上观音圣像建设事宜

◆11月7日,中国古琴艺术与世界上其他国家的27个项目被联合国教科文组织宣布为第二批"人类口头和非物质遗产代表作",为庆祝此事,在中国政协小礼堂举办了"古琴音乐会",音乐会由田青担任主持人,著名古琴演奏家丁承运、吴钊、姚公白、王迪、

林友仁、陈长林、李祥霆、龚一、郑珉中等参加演出。自此以后，非物质文化遗产保护工作才逐渐引起人们的关注。

◆11月，宗教艺术研究中心与中国佛教协会、中国道教协会、中国国际文化交流中心共同合作，发起并组织"中国佛乐道乐精粹展演"活动，在京、沪两地共进行三场演出，首次邀请包括台湾佛光山梵呗赞颂团在内的海峡两岸六个佛道乐团同台演出，参演团体之多、演出水平之高均创造了历史之最。本次音乐会不仅是中国佛乐、道乐首次同台联袂演出，而且也是台湾佛光山梵呗赞颂团首次回到祖国大陆演出，为海峡两岸音乐界及宗教界的交流揭开了新的一页。首场演出展演的是大陆的佛道音乐，演出团体包括北京佛乐团、五台山佛乐团、拉卜楞寺佛乐团和白云观道乐团、姑苏仙乐团等；第二场演出是台湾佛光山梵呗赞颂团专场。这两场均在北京中山音乐堂举行。第三场是在上海大剧院，由佛光山梵呗赞颂团进行专场演出，三场演出均由田青主持。在上海大剧院演出即将结束时，星云大师做重要开示，这是星云大师在阔别大陆50余年后第一次面对大陆公众公开讲演。师云："二千五百年前，印度释迦牟尼佛在菩提树下开悟后，第一句话就说：'奇妙呀！奇妙呀！大地一切众生都有佛性。'过去佛教的梵呗音乐都是用来咏赞佛陀，只有在寺院的殿堂里唱给佛祖听，今天能在这里唱给现前的诸佛一起来共赏，不是更有意义吗？回忆五十年前，我把大陆的'海潮音梵呗'带到台湾；五十年后，我又把佛教的梵呗音乐带回到大陆来。今天能在上海大剧院演唱梵呗，使相隔五十多年的时间又再连合起来，我的喜欢岂是语言所能表达？例如，海峡两岸尽管相隔遥远，但阻挡不了'法音宣流'；台湾与大陆之间虽然海洋辽阔，但中国人血浓于水的感情交流，也是阻隔不了的……有人说，21世纪是中国人的世纪，我们应该借助中国的强大势力，把佛法弘扬到世界，所谓'佛光普照三千年，法水长流五大洲'，让伟大的中国多彩多姿，祈愿大家一起来努力。"

1. "中国佛乐道乐精粹展演"活动期间,首次到大陆访问的佛光山梵呗团与中国音乐学院民族管弦乐队合排,田青在现场指导,身旁为台湾佛光山慈容法师

2. 11月24日,在上海大剧院演出前,与星云大师合影

3. "中国佛乐道乐精粹展演"演出现场

1. 台湾佛光山佛陀纪念馆展厅内关于2003年"中国佛乐道乐精粹展演"的展板

2. "中国佛乐道乐精粹展演"海报

3. 在"中国少数民族艺术遗产保护及当代艺术发展国际学术研讨会"上和周吉在一起合影留念

◆ 12月8—10日，在京出席"中国少数民族艺术遗产保护及当代艺术发展国际学术研讨会"。

◆ 12月10日晚，策划摇滚歌手崔健与羊倌石占明在北京新豪运酒吧共同演出，开创了我国摇滚与原生态民歌的对话，也促成了"摇滚之父"与"羊倌歌王"的首次合作，引起媒体的极大关注。

◆ 12月，应国家宗教局的邀请，担任由海峡两岸八大丛林100多位僧众组成的"中华佛教音乐团"的艺术总监,在厦门南普陀寺,对参加展演的大陆僧众进行集中排练。

◆ 带领石占明到中国音乐学院、中央音乐学院等院校进行交流演出。浙江电视台品牌栏目《亚妮专访》制作了田青与石占明的故事——《民歌恰是穷乡好》节目。

◆ 田青担任主编,翟风俭负责编辑的《20世纪中国音乐史论研究文献综录·宗教音乐卷·佛教、基督宗教、少数民族宗教音乐》历时一年完成,约40万字,交由人民音乐出版社出版。

◆ 申报的课题"中国宗教艺术基础数据库"被科技部批准为国家软科学研究计划项目,并被文化部批准为全国艺术科学"十五"规划2003年度国家资助课题。

◆ 年度小结:

1. 佛教和佛教音乐研究及推广工作。策划相关研讨会及佛道音乐展演,筹划佛教音乐剧拍摄,主编《20世纪中国音乐史论研究文献综录·宗教音乐卷·佛教、基督宗教、少数民族宗教音乐》等,其中最为重要的是策划主办"中国佛乐道乐精粹展演"活动,台湾佛光山梵呗团首次被邀请到大陆展示台湾佛教音乐。此次活动的成功举办直接催生了次年八大丛林佛乐团世界巡演活动,并为此次活动奠定了基础,提供了经验。

2. 创刊《艺术评论》,"中国有艺术,但缺少艺术评论。人们呼吁加强艺术评论,于是《艺术评论》应运而生"。所以《艺术评论》的初衷就是"去伪存真"。创刊第一炮乃是进行文化打假,揭露虚假的文化现象,同时保护和宣传真正的艺术,"为真正的艺术品和艺术家摇旗高歌"。创刊号同时发表了"打假"的《"纳西古乐"是什么东西?》及田青的《阿炳还活着——听山西左权盲人队》,前者揭露了"纳西古乐"这一艺术界最大的谎言,后者则为民间艺术呐喊正名。听了山西左权盲人宣传队"用心在唱,用灵魂在唱,用整个生命在唱"的歌声,让他觉得"师旷再世,阿炳重生",这才是真正的艺术,应该重点保护和弘扬。文章一经发表,立刻在京城文艺界激起阵阵涟漪。为此,他费尽心血把盲人宣传队和民歌歌手石占明等民间草根艺人带到北京,介绍给京城文艺界,掀起了京城文艺界的一股"左权民歌"热。他说:"也许是宿命。我的老师杨荫浏把民间艺人瞎子阿炳推向了全世界,半个世纪后我到太行山,最最感动我的依旧是一群盲艺人。我不敢和我的老师比成就,那我是没法比的,但是,对民间艺术的理解,我秉承了恩师的作风。"①

3. 关注民族音乐发展。《嘈嘈切切五十年》《二胡与宋飞》等文章都是关于民族器乐发展的。《索朗旺姆的启示》则依旧呼吁民族声乐教育的多元化与个性化。他说:"总有人在争论学院和民间孰高孰低的问题,我要高声呼吁民间艺术是中华文化的基础、土壤和母亲,古往今来的大艺术家没有不对草根艺术保持一个尊敬的心态的,只有半吊子艺术家才会对民间艺术采取鄙视的态度。""把杰出的、有经验的少数民族歌手请进音乐学院,让他们教我们的学生学会另一种唱法",而不是相反,"教他们所谓'科学'的主流唱法"②。

4. 开始介入非物质文化遗产保护的具体工作,为古琴申报成为联合国教科文组织"人类口头和非物质文化遗产代表作"做出了独特贡献。

◆ 本年度著作:
《嘈嘈切切五十年》,香港《华人》第2期。
《老河上的新风筝——听李黎夫、范波影视歌曲作品选》,《人民音乐》第7期。
《索朗旺姆的启示》,《音乐生活报》。

---

① 刘红庆:《佛心学侠——田青和他所可以改变的》,北京十月文艺出版社2007年版,第215页。
② 田青:《索郎旺姆的启示》,《音乐生活报》2003年。

《二胡与宋飞》,载《一枝花——宋飞二胡演奏专辑》,南京音像出版社。

《少林功夫文集·序》,载释永信主编《少林功夫文集》,少林书局。

《清刻本文焕堂指谱·序》,中国戏剧出版社。

《阿炳还活着——听山西左权盲人宣传队》,《艺术评论》创刊号,《人民日报》10月21日转载,《盲人月刊》2004年转载。

《一声来耳里 万事离心中》,《中国宗教》第12期。

《梵音惊四座 法喜两岸情——中国佛乐道乐精粹展演在京沪举行》,《中国宗教》第12期。

《抢救 保护 慎谈发展》,《音乐周报》7月18日。

《20世纪中国音乐史论研究文献综录·宗教音乐卷·佛教、基督宗教、少数民族宗教音乐》(主编),人民音乐出版社。

2004

◆ 1月，访问美国贝兹大学、密歇根大学、威斯理大学，在密歇根大学讲授《魏晋南北朝时的佛教音乐》。他多次利用在海外讲学的机会讲授并展示中国宗教音乐，这些努力对推动中国宗教音乐在国际的影响起到了很大作用。一些过去由于种种原因不了解中国宗教音乐，不了解这些被"清修僧"们视作"应酬僧"的人们，开始意识到这些乐僧们身上所担负的民族文化传承的重担，他们承载着我们祖先留下的丰厚的文化遗产。

◆ 2—3月，由佛光山梵呗赞颂团与中国佛教协会所属三大语系、八大丛林的两岸百余位僧众共同组成"中华佛教音乐展演团"，星云大师担任名誉团长，中国佛教协会常务副会长圣辉法师任团长，田青与佛光山的慈容法师担任艺术总监，全面负责整场节目的策划、创作、改编、排演，对各团体的演出节目进行全面的艺术把关。到高雄、台北、香港、澳门、洛杉矶、旧金山、温哥华等城市巡回演出，在各地的华人、华侨中间引起巨大的社会反响。本次活动通过展示中华民族光辉灿烂的传统文化艺术，加强海峡两岸的文化交流，促进中华民族的团结，书写了中国乃至世界佛教发展史上崭新的一页。田青还亲任音乐会的主持人，登台导聆，拉近了古老的佛教音乐与现代观众的距离。此事缘起于上一年田青策划主办的"中国佛乐道乐精粹展演"的巨大成功，国家宗教局希望趁此良机，组织一个由海峡两岸僧众组成的演出团去台湾等地演出，得到了星云大师的回应，于是就有了这次享誉世界的佛乐展演。

◆ 3月5日，与王文章、萧梅、吴钊一道赴澳门参加"第十五届澳门艺术节"暨"海天秋月——中国古琴文化展"，并参加6日举行的开幕式。此次古琴文化展是香港和澳门琴界为古琴艺术成功申报联合国教科文组织"人类口头和非物质遗产代表作"而组织的活

1. 在美国洛杉矶柯达剧院主持"中华佛教音乐展演团"演出

2. 在"台北中山纪念馆"主持"中华佛教音乐展演团"演出

3. 星云大师"中华佛教音乐团"在美国洛杉矶演出后开示

4. 美国佛光山西来寺赠送的纪念品

1

2

3

4

动之一。展览地点为澳门博物馆,时间为2004年3月7日—5月30日。

◆4—7月,担任中央电视台"第十一届全国青年歌手电视大奖赛""民族组"评委。力推来自云南的民间歌手李怀秀、李怀福姐弟所组成的彝族海菜腔组合,他说:"你们唱得非常好。这是比赛四天以来我打出的最高分。我在你们的歌声里第一次听到了来自大自然的声音,来自田野的声音,听到了来自祖先血脉的声音。"但他的观点遭到了学院派评委的抵制,使得海菜腔组合最终未能进入决赛。

◆5月17日晚,在云南艺术学院501演播室主讲《对民族音乐的几点思考》,旗帜鲜明地批判音乐界的"全盘西化"和同质化现象,主张保护传统文化,保护文化多样性,鼓励学子向民间学习,回归传统文化。

◆5月26日上午,在山西晋中学院做学术讲座,一同前往的还有"左权民歌王"石占明以及左权盲人艺术团的全体成员。晋中学院院长孙建中为其颁发客座教授聘书。音乐学院党总支书记王红爱、副院长姚振华及音乐学院的师生听了讲座。讲座主题同样聚焦音乐界的错误导向,主张传统文化的复归。

◆5月27—30日,赴天津音乐学院参加中国艺术研究院音乐研究所与天津音乐学院联合举办的"《中国音乐年鉴》第九届学术研讨会"。

◆8月21—26日,赴山西左权担任"第二届中国南北民歌擂台赛(山西左权·2004)"评委,其间参加同时举办的"民歌学术研讨会",并做主题发言:《民歌与"民族唱法"》,高瞻远瞩,从大文化的角度,首次对我国民族声乐的历史、现状、未来做了系统的思考和总结。本届南北民歌擂台赛由文化部民族民间文艺发展中心、山西省文化厅和晋中市政府共同主办,左权县委、县人民政府承办。各地经过层层选拔,共有120名歌手角逐本届民歌擂台赛的"歌王",他们来自25个省、市、自治区,代表30个民族。其中包括台湾的阿美族都兰部落的歌手。歌手们全部以原生态的民歌演唱方式进行为期3天的6场预赛、决赛。

◆8月30日晚,在北京展览馆剧场主持"天籁之声——中国原生态民歌演唱会",来自全国20个省区25个民族的民间歌手首次集体亮相。当时,其父田广成先生因脑血管破裂在天津住院抢救,田青当天下午自医院赶到剧场,主持完音乐会后连夜赶回天津,8天后其父病逝。

◆11月5日,在中国艺术研究院多功能厅参加"南音传承与发展研讨会",此次活动由中国艺术研究院音乐研究所、福建泉州市政府、中国音乐学院联合举办。

◆11月5—7日晚,作为嘉宾参加在北京海淀剧院举行的3场"原声黄河——十大乡土歌王歌后民歌演唱会",在现场发表了热情洋溢的讲话,对民族民间歌手重新走上主流舞台给予高度评价,鼓励青年歌手继承传统,大力弘扬传统文化。演唱会由北京向前进文化发展中心主办、北京市对外文化交流公司承办,著名的艺术家郭兰英担任总顾问。

在山西左权担任"第二届中国南北民歌擂台赛(山西左权·2004)"评委

1. 在山西左权担任"第二届中国南北民歌擂台赛(山西左权·2004)"评委期间,与云南海菜腔选手李怀秀(左)、李怀福(右)姐弟在一起

2. 在山西左权担任"第二届中国南北民歌擂台赛(山西左权·2004)"评委,赛后和大伙冒雨合唱左权民歌《亲圪蛋》

3. 和郭兰英在一起

◆11月10日，作为《艺术评论》主编在中国艺术研究院主持召开"张艺谋和中国电影艺术"研讨会，研讨会由中国艺术研究院《艺术评论》杂志社与影视研究所共同主办。著名作家梁晓声、电影家协会评论家罗艺军、北京大学教授张颐武等近20位权威学者和知名影评家齐聚一堂，专门研讨张艺谋现象以及中国电影作品的不足及长处。当年第12期《艺术评论》对张艺谋电影做了专题讨论。

◆11月16日，作为《艺术评论》杂志主编出庭在丽江中级人民法院审理的关于《艺术评论》名誉侵权案，在法庭上与原告宣科据理力争，现场进行"文化打假"。

◆12月20日，"纳西古乐案"一审宣判，在地方保护主义的干扰下，《艺术评论》败诉，此后葛剑雄、黄东黎、杨立新、梁治平等众多学者纷纷发表文章声援，抗议地方保护主义以司法解决学术争论，支持《艺术评论》文化打假。

◆12月，田青策划，宗教艺术研究中心联合台湾佛光山文教基金会发起并组织"麦积山石窟雕塑、绘画、摄影展暨麦积山石窟艺术与人间佛教学术研讨会"，展览于12月15日—2005年3月13日在台湾佛光缘美术馆总部举办，历时三个月，展品在高雄县大树乡佛光山寺以及佛光山文物展览馆同时展出。研讨会于12月18—19日在佛光山举行，与会专家学者从各个方面对麦积山石窟艺术与中国古代社会、麦积山石窟的艺术及美学成就、麦积山石窟与人间佛教等诸多问题进行了深入讨论，会议共提交论文14篇，田青提交论文《从人间佛教的角度看佛教艺术》。

◆受海南南山海上观音圣像工程指挥部委托，宗教艺术研究中心组织作曲家张卓娅、王祖皆夫妇创作音乐剧《观世音》，并完成剧本创作、音乐创作以及排练、录制等大部分工作，后因对方单方面违约，遂使此事未能最后完成，终成遗憾。

1. 在云南丽江中级人民法院前和吴学源(右2)及律师们在一起

2. 陪同星云大师参观"麦积山石窟雕塑、绘画、摄影展"

3. 在"麦积山石窟艺术学术研讨会"上发言

与崔健对话，《艺术评论》杂志发表文章《音乐的生命资源——与崔健对话》

◆ 继续筹备拍摄16集电视专题片《宗教在中国》，完成全部剧本创作，并开机拍摄，完成《基督教在中国》六集的拍摄。

◆ 本年度第一位硕士研究生袁瑾毕业；招收两位博士研究生司冰琳、王英睿，两位硕士研究生都本玲、杨媚，均为音乐学专业。

◆ 年度小结：

1. 推广、宣传包括佛教音乐在内的佛教艺术发展，推动两岸文化、艺术交流仍是本年度工作重心：率领两岸八大丛林佛乐团进行世界巡演，轰动华人界；组织"麦积山石窟雕塑、绘画、摄影展暨麦积山石窟艺术与人间佛教学术研讨会"在台湾举行；拍摄《宗教在中国》电视专题片等。尤其是八大丛林佛乐团的世界巡演活动，为反对"台独"、促进两岸和平统一做出了不可替代的特殊贡献。自1989年他率领五台山佛乐团访问香港开始，十余年来，他多次组织佛乐团、道乐团在中国大陆、港澳台地区以及海外进行演出，这些都是在政府的支持下大多数由他一人策划、联络进行的学术性很强的演出，这些平时默默无闻的出家人，在国内外舞台上展示了他们精湛的技艺，也展示了中国传统音乐的无限魅力和绵延传承。田青在深刻了解宗教音乐的内容、形式的基础上为宗教音乐的舞台化做出了创造性的贡献，其成就得到了海内外高僧大德的肯定，也为中国宗教音乐在世界音乐界赢得了声誉。
2. 关注民歌与民族音乐。担任"青歌赛"评委，挖掘民间歌手，如李怀秀姐弟、石占明等；多次主持民歌演唱会、民歌比赛；《民歌与"民族唱法"——在山西左权"第二届南北民歌擂台赛"学术研讨会上的发言》《音乐的生命之源——与崔健对话》《金鸟银鸟飞起来》等文章都谈到了当前中国音乐尤其是民歌传承与保护的问题，剖析了当下中国民族声乐唱法单一的深层原因在于"仿效西方、科学主义与时代需要"，他指出"学院派"所提倡的民族美声唱法乃是时代选择的结果，反映了这个时代的审美需求，有其存在的必然性与合理性，但是由于其过于追求"科学化、规范化"，造成了民族声乐的单一化局面，抹杀了歌手的个性，不符合艺术发展规律，因此必须要改变这种局面，他认为最好的办法就是重视民间艺术，向民间学习，走多元化的道路，因为"民间艺术是中华文化的基础、土壤和母亲"。对于民间艺术，他的观点是首先要抢救与保护，慎谈发展。
3. 主编《艺术评论》，关注当代中国艺术发展现状。

◆ **本年度著作：**
主编2004年《艺术评论》杂志，共12期。
《书陈寅恪〈书魏书萧衍传后〉之后》，《中国文化》第1期。
《"人间佛教"与佛像雕塑》，台湾"麦积山石窟雕塑、绘画、摄影展暨麦积山石窟艺术与人间佛教学术研讨会"，2004年12月。
《琴心与佛心》，载袁静芳主编《中韩佛教音乐学术研讨会论文集》，宗教文化出版社。
《车轮上的中国——读王文澜、王福春的摄影作品》，《艺术评论》第11期。
《金鸟银鸟飞起来》，《文艺报》。
《论中国音乐的历史形态·序》，载刘再生《论中国音乐的历史形态——刘再生音乐文集》，上海音乐学院出版社。
《歌庵诗草——戒贤法师诗集·序》，载戒贤《歌庵诗草》，台湾佛光山文教基金会。

《写诗的人永远年轻》,《鲍和平歌词集》序,香港天马出版有限公司。

《音乐的生命资源——与崔健对话》,《艺术评论》第2期。

《民歌与"民族唱法"——在山西左权"第二届南北民歌擂台赛"学术研讨会上的发言》,《艺术评论》第10期。

《佛教音乐漫谈》,《中国宗教》第1期。

2005

◆1月5日下午，策划并主持宗教艺术研究中心与《艺术评论》联合在中国艺术研究院召开的"学术良知、社会公正、法律建设"座谈会，针对《艺术评论》与宣科的官司，继续进行"文化打假"，文艺界、法律界众多知名人士踊跃参会、积极发言。王昆、梁晓声、李西安、金湘、樊祖荫、田联韬、郭文景、刘索拉、陈铭道、赵世民、冯光钰、戴嘉舫、张振涛、陈志音、黄大岗、彭俐、贺绍俊、傅谨等文艺界人士及黄东黎、杨立新、黄勤南、徐家力等法学专家纷纷表态，大家一致认为"这个文化打假的行动关系到中国文化的发展和国际形象，应该继续下去"。旗帜鲜明地反对地方保护主义以不公正的司法判决来处理学术争论、保护文化造假者，认为此判决开创了一个非常不好的先例。中国社科院著名法学专家黄东黎高度评价《艺术评论》敢于"文化打假"的勇气："你们不是在乞求司法公正，而是在塑造司法公正！"

《艺术评论》文化打假座谈会

◆ 1月16日，国内音乐学界五大学术刊物《人民音乐》《音乐研究》《中国音乐》《中国音乐学》《中央音乐学院学报》采取不同寻常的方式表态，发表联合声明声援《艺术评论》学术打假行为，支持《艺术评论》坚持学术阵地。声明如下：

> 近闻宣科状告《艺术评论》一案初审结果，不禁令音乐学界震惊。学术乃社会公器，批评乃媒体职责，法律乃天下准绳。无学术则人类难进步，无批评则文艺难发展，无法律则社会无所依。
>
> "纳西古乐"本云南省丽江市一台商业性演出之名称，本无关乎学术，但将此晚会"申遗"，并公开宣称流传各地的民间乐曲《八卦》为唐玄宗创作，这便关乎学术的判定了。20世纪以来出版的各类中国古代音乐史论著中，仅从宋代才开始出现可以确认为属于那一时代的谱例，至今音乐学界依然没有可确认属于唐代的乐曲，这是音乐史学界最艰难的研究课题之一。这类学术课题，非可随便言之，更非法庭所能判断。
>
> 中国民间的工尺谱，至今在许多地区广泛流传，中国艺术研究院音乐研究所与英国伦敦大学亚非学院于1993年对河北省保定地区民间"音乐会"的普查项目中，在数个月中就发现了一百多件谱本，至今，中原地区数千农民乐师依然使用着这种古老的乐谱。中国艺术研究院研究生院、中国音乐学院、中央音乐学院、天津音乐学院等专业院校，都将教授学生们唱念工尺谱作为民族音乐课程的内容之一。
>
> 学术性的争鸣和探讨，是学术发展的必要条件。吴学源先生所写文章，是一篇学术性的批评文章，其文基本内容为音乐学界之共识（如《人民音乐》就曾于1999年1期和2003年10期就此问题发表过多篇文章），其用辞语气，尽在学术争鸣范围之中。如将此类文章都判定为"有侮辱、损毁名誉"，"构成名誉侵权，应承担侵权责任"，必将严重影响学术批评之正常发展。我们均属学术性期刊，如吴学源先生之文被法院判定为"损毁名誉"，我等专设的学术争鸣栏目，均将无复生存。创造正常良好学术环境，乃学术期刊之社会责任兼历史使命，故于此严正声明：支持《艺术

评论》学术打假行为，支持《艺术评论》坚持学术阵地、敢于刊发鞭打社会丑恶现象之批评精神，并将为维护学术之尊严，为共同营造正常学术环境而努力。

《人民音乐》编辑部

《音乐研究》编辑部

《中国音乐》编辑部

《中国音乐学》编辑部

《中央音乐学院学报》编辑部

2005年1月16日

（原载《艺术评论》2005年第2期）

◆2月22—26日，赴福建泉州参加"第四届泉州海丝文化节暨第八届中国泉州国际南音大会唱"活动。

◆3月，全国"两会"期间，针对"纳西古乐案"初审，资华筠、叶小钢、万选蓉、陈醉等几位全国政协委员联名向全国"两会"提交了一份议案，呼吁保护正常的艺术批评，营造良性的艺术批评环境。田青撰文《是非公道　自在人心》。

◆3月30日—4月1日，赴湖南长沙参加在湖南师范大学音乐系举办的"《音乐研究》编委会暨音乐学术期刊发展研讨会"。此次活动由《音乐研究》编辑部主办，湖南师范大学音乐学院承办。

◆4月21日，"纳西古乐案"二审在昆明云南省高级法院开庭。

◆6月9日，参加在中国艺术研究院学术报告厅举办的"人类口头和非物质文化遗产丛书首发式暨专家座谈会"，此次会议由浙江人民出版社主办，中国艺术研究院中华文化画报社承办。中国艺术研究院院长、党委书记、丛书主编王文章，文化部社会文化图书馆司司长张旭，教育部教科文全委会科学文化处处长刘疆，联合国教科文组织驻北京代表处文化遗产保护专员杜晓帆，浙江人民出版社社长楼贤俊以及中国傩戏学会会长曲六乙，中国文联刘锡诚研究员，中国科学院华觉明研究员等50余位领导、专家和学者，应邀出席了首发式与座谈会。

◆6月10—11日，参加在北京召开的全国非物质文化遗产保护工作会议。

◆6月15—17日，由陕西何家营和集贤村百名农民乐手组成的长安古乐团在著名音乐人李亚蓉的带领下进北京，在海淀剧院进行了三天公演，田青作为嘉宾高度赞赏此活动并希望"西安鼓乐"能得到更好的传承。

◆6月22日，在中国艺术研究院策划并主持"圈里圈外话古乐"研讨会，讨论西安古乐以及中国民间古乐艺术的现状与保护。会议由宗教艺术研究中心与艺术评论杂志社联合主办，田青主持会议并做了重要讲话，强调传统文化是"根与魂"。

◆自7月起，因非物质文化遗产保护工作的需要，不再兼任《艺术评论》主编，改任名誉主编。

◆7月5日，在苏州参加"中国非物质文化遗产保护·苏州论坛"，本次论坛由文化部、江苏省政府共同主办，苏州市政府等承办，是我国非物质文化遗产保护领域首次以政府为主的大规模学术研讨活动。

◆9月，被文化部聘为文化部艺术研究专业高级职称评审委员会委员。

◆9月9日，北京市人大常委会审议通过了《北京市烟花爆竹安全管理规定》，将"禁放"改为"限放"，容许市民在规定的时间和地区燃放鞭炮，结束了北京城自1993年以来12年的"禁放"规定。他认为由"禁放"改为"限放"反映了中国社会观念的一个重大进步——保护非物质文化遗产意识开始萌芽并日渐成熟。

◆全程参与"中国新疆维吾尔木卡姆艺术"和"蒙古族长调民歌"申报联合国教科文组织"人类口头和非物质遗产代表作"。11月25日，这两个项目都入选联合国教科文组织第三批"人类口头和非物质遗产代表作"。

◆11月15日，云南省高级人民法院就"纳西古乐案"做出终审判决，裁定《艺术评论》败诉。《艺术评论》对此发出严正声明："本案的终审判决不仅使法律蒙羞，而且严重打击了中国的学术，打击了正常的艺术批评，打击了司法的公正性。"

◆11月24日，在北京参加由北京市文联主办，《光明日报》为媒体特别支持的全国大型文艺论坛"2005北京文艺论坛"并发表演讲。此次论坛以"市场经济与文艺"为主题，全国各省市200多位艺术家与会。

◆11月，经文化部批准，撤销中国民族民间文化保护工程国家中心与非物质遗产保护中心，成立中国艺术研究院非物质文化遗产研究保护中心，宗教艺术研究中心为其下设机构。田青被任命为非物质文化遗产研究保护中心主任，全面负责非物质文化遗产保护的各项工作，策划、组织、实施2006年《中国非物质文化遗产保护成果展》及中国非物质文化遗产保护成果展专场文艺晚会。

◆宗教艺术研究中心筹办的"净土天音"学术网站建立，由侯百川负责维护，主要发布田青的学术文章。

◆本年度招收一位博士研究生：袁瑾，三位硕士研究生：任飞、司

主编的《艺术评论》

亚丹、赵羚（替王昆带），均为音乐学专业。

◆年度小结：

1. 文化打假。借助《艺术评论》这一平台，继续进行文化打假工作，并得到了文化界、音乐界及法律界人士的广泛支持，《是非公道 自在人心》一文借着对"纳西古乐"官司的回应，呼吁学术独立以及正常的艺术批评，尤其重要的是强调了非物质文化遗产评审的标准，非遗申报不能被某些利益集团所利用和左右，要坚持其公正性与独立性，这是非常严肃的事情，一定要尊重历史事实，不能弄虚作假。保护非物质文化遗产和文化打假是一个事情的两个方面，二者相辅相成。

2. 被任命为非物质文化遗产研究保护中心主任，开始全面负责非物质文化遗产保护的各项具体工作。同时利用各种机会呼吁在经济发展的同时，要保护传统文化，"传统文化不仅是我们民族的血脉、民族的精神、民族的根，它还是我们民族持续前进的动力和保证"，"保护遗产就是保护未来"[①]。对于传统文化，"我们的首

---

① 田青：《保护遗产就是保护未来》，《中国艺术报》2005年12月9日。

要任务,是先抢救,先把它保护下来,让它不至于在我们这一代死亡"。①

◆ 本年度著作:

主编2005年《艺术评论》杂志,共出版12期。

主编《20世纪中国音乐史论研究文献综录·宗教音乐卷》,人民音乐出版社。

《是非公道 自在人心》,《艺术评论》第2期。

《"堂会"变迁的考量》,《北京日报》3月21日。

《大象有声——钱绍武雕塑中的音乐》,《艺术评论》第5期。

《我们只有一个爷爷》,载陈琴《山村·山鼓·山歌:爷爷的故事》,文化艺术出版社。

《保护遗产就是保护未来——写在第三批人类口头和非物质遗产代表作公布之际》,《中国艺术报》12月9日;后以《捡起金叶——写在第三批人类口头和非物质遗产代表作公布之际》为名发表于《新疆木卡姆专刊》(2006)。

---

① 田青:《我们只有一个爷爷》,载陈琴《山村·山鼓·山歌:爷爷的故事》,文化艺术出版社2005年版;《人民音乐》2006年第1期。

2006

◆ 1月5日—4月30日，组织专家并参与修改《第一批国家级非物质文化遗产名录》简介，60余万字。

◆ 1月6日，到文化部参加会议，向部领导汇报"中国非物质文化遗产保护成果展"及专场演出的有关事宜。

◆ 1月22日，出席中国民俗学会和北京民俗博物馆联合主办的"东岳论坛"。

◆ 2月12日，元宵节，"中国非物质文化遗产保护成果展"在国家博物馆开幕。本次展览由文化部、国家发展改革委、教育部、国家民委、建设部、国家旅游局、国家宗教局、国家文物局共同主办，中国艺术研究院和中国国家博物馆承办，由中国艺术研究院具体策划组织，是我国政府第一次举办全面反映非物质文化遗产保护成果的大规模展览，共计展出实物、音频、视频、图片共2000多件，旨在深入宣传我国政府保护非物质文化遗产的方针、政策和保护措施，全面反映我国在非物质文化遗产保护工作中取得的成就，唤起全社会对非物质文化遗产保护的自觉意识，进一步推动我国非物质文化遗产保护工作。展览持续到3月16日。展览期间，李长春、陈至立、刘云山、顾秀莲、热地、华建敏、刘延东、张思卿、罗豪才、黄孟复、张榕明、路甬祥、阿不来提·阿不都热西提、孙家正等领导先后到馆参观，田青作为展览的负责人全程陪同并进行讲解，让领导与普通观众对非遗保护开始有了理解和认同，一些相关部委的领导及部分离退休老干部也参观了展览。应群众要求，展览三次延期。田青作为此次展览的总负责，不但全力以赴、充分发挥其聪明才智和高度的组织能力，而且身先士卒、率领团队连续作战，克服重重困难，在极短的时间里完成了策展、设计、征集展品、布展、宣传等工作。此次展览和同时由田青负责策划组织的非物质文化遗产专场演出成为我国非遗保护工作的一个标志性事件，在此之前，大部分人不知道什么是"非物质文化遗产"，在此次展览和演出之后，"非物质文化遗产"迅速成为社会关注的事项，"非遗保护"成为年度热词。

1

2

3

4

1. 展览观者如云
2. 小观众参观
3. 亲自在现场为观众做讲解
4. 现场签名的小观众
5. 观众围观木偶表演

5

◆ 2月12—14日,在民族文化宫大剧院组织举办三场中国非物质文化遗产保护成果展专场文艺晚会,集中展示了我国非物质文化遗产的多样性与丰富性,节目除了我国入选联合国"人类口头和非物质遗产代表作"的项目:昆曲艺术、古琴艺术、新疆维吾尔木卡姆艺术以及蒙古族长调民歌以外,还有入选第一批国家级非物质文化遗产推荐名录的部分优秀项目。田青作为中国艺术研究院非物质文化遗产研究保护中心主任,具体策划并组织了此次展览和演出,在演出时亲自担任主持,以学者深厚广博的专业修养和深入浅出、幽默轻松的语言为听众普及非物质文化遗产保护的知识,还在国家图书馆的支持下专门为在北京的省部级干部做了一场省部级领导干部公开课,对全国非遗保护工作起到了重要的启蒙和推动作用。

1、2、3、4. 中国非物质文化遗产保护成果展专场文艺晚会演出

1

2

3

4

中国非物质文化遗产保护成果展专场文艺晚会演出后谢幕

◆2月12日，参加在北京首都大酒店召开的"全国非物质文化遗产保护项目工作会议"，文化部副部长周和平、中国艺术研究院院长王文章出席，文化部社会文化图书馆司司长张旭主持会议。

◆2月22日，参加"第一批国家级非物质文化遗产名录简介讨论会"。

◆2月25日，在凤凰卫视《世纪大讲堂》栏目主讲《守护精神家园——中国非物质文化遗产保护中的角色意识》。

◆2月28日，参加"第一批国家级非物质文化遗产名录简介"讨论会。

◆3月10日，在中国艺术研究院参加"中国非物质文化遗产标识讨论会"，开始向全国征集非遗保护工作的标识。

◆3月15日，到文化部参加会议，汇报"文化遗产日"系列活动的计划。

◆3月17日，参加中国艺术研究院收藏浙江乐清龙档捐赠仪式。

◆3月23日，到文化部参加会议，讨论庆祝第一个"文化遗产日"系列活动有关事宜。

◆4月24日，参加文化部组织的"名录简介部际联席审议会"。会议由周和平副部长主持。

◆5月10日开始，直至7月，担任"第十二届CCTV全国青年歌手电视大奖赛"评委，在他的倡议和积极努力下，本届"青歌赛"第一次设立"原生态组"，并担任原生态组评委召集人。改变了过去"民族组""美声组""流行组"三分天下的局面，为长期以来被主流媒体忽视的真正传统的民族民间唱法开辟了舞台，为来自民间、没有受到过"专业教育"的草根歌手提供了一个面向主流媒体的机会。上届"青歌赛"失利的云南彝族海菜腔组合李怀秀、李怀福姐弟在这届"青歌赛"得到普遍认可，一举夺得原生态组金奖。

在"青歌赛"上点评歌手

◆5月11日，在中国艺术研究院参加"中国非物质文化遗产名录标牌名称讨论会"。

◆5月13日，在中国艺术研究院参加"中国非物质文化遗产保护管理办法讨论会"。

◆5月22日，在中央美术学院演讲，题目为《警惕民族审美意识的丧失》。

◆1—5月，参与"第一批国家级非物质文化遗产名录"评选工作。项目申报和评审是非物质文化遗产研究保护中心的重要工作之一，这项工作从2005年开始进行，非物质文化遗产研究保护中心多次组织各方面专家召开论证会，从全国各地上报的1315个项目中选出了501个项目，并于2005年12月31日向社会公示。2006年5月20日由国务院公布"第一批国家级非物质文化遗产名录"518项，中心在名录的评审公布过程中，做了许多具体工作，而且还负责为518项名录制作并发放了758块标牌。田青作为中心负责人，全程参与领导工作。同时，作为中国非物质文化遗产保护工作专家委员会音乐组召集人，自始至终参加"第一批国家级非物质文化遗产名录"中有关音乐类的评审工作。

◆5月30日—6月2日，在浙江省杭州市余杭区参加"中国非物质文化遗产保护·余杭论坛"并做主题演讲。论坛由中国艺术研究院、中国文化报社、浙江省文化厅主办。文化部副部长周和平，中国艺术研究院院长王文章，中国文化报社社长、党委书记郭沫勤，浙江省副省长盛昌黎，杭州市副市长陈重华，浙江省文化厅领导杨建新、金庚初，杭州市文化广电新闻出版局局长陈建一，有关高校的领导和来自北京、上海、江苏、河北、辽宁、湖南、湖北、浙江等地的专家学者100多人参加了开幕式和论坛活动。

◆6月6日，参加文化部外联局组织召开的"新疆维吾尔木卡姆艺术、蒙古族长调民歌保护工作会议"。

◆6月7—15日，我国第一个文化遗产日期间，策划组织了一系列活动，包括6月7日在北京大学百年讲堂举办的"和鸣——古琴艺术进大学"古琴雅集；6月9日在北京民族文化宫大剧院举办的中国"文化遗产日"专场晚会；6月10—12日，在北京国际会议中心举办的"中国非物质文化遗产保护论坛"以及6月10—15日在中国艺术研究院展览馆举办的"中国戏曲剧种保护展"等。

◆6月，组织策划并具体实施"文化遗产日"系列活动：6月10日是我国第一个"文化遗产日"。中国艺术研究院按照国务院和文化部的工作部署和安排，以增强全社会的文化遗产保护意识，营造全民参与文化遗产保护的良好氛围，发挥文化遗产在传承文明、资政育人、普及知识、丰富精神文化生活方面的作用为工作目标，主办了"和鸣——古琴艺术进大学""中国戏曲剧种保护展"及"中国戏曲剧种保护发展座谈会"等系列活动；开通了"中国非物质文化遗产网·中国非物质文化遗产数字博物馆"；首发了《中国非物质文化遗产》丛刊；组织了"中国非物质文化遗产标识"征集和评选活动；设计印制了"文化遗产日"纪念邮票；承办了"中国非物质文化遗产保护论坛"和"保护文化遗产，守护精神家园·大型文化遗产展演文艺晚会"。社会各界对"文化遗产日"确立的意义、传承非物质文化遗产的重要性、我国非物质文化遗产丰富资源以及保护现状的认知水平都有了进一步提高。主要活动如下：

1. "和鸣—古琴艺术进高校，千年雅乐觅知音"。6月7—12日，中国艺术研究院主办的"和鸣—古琴艺术进大学"古琴雅集活动在北京大学、清华大学、中国人民大学和首都师范大学举行。这是中国艺术研究院"文化遗产日"的系列活动之一。活动得到大学生的普遍欢迎和社会广泛关注，《新闻联播》作为重点新闻播出，田青是此次活动的总策划。

2. "中国非物质文化遗产"标识揭晓。受文化部委托,中国艺术研究院从3月20日—5月15日以网络形式向全社会征集"中国非物质文化遗产"标识。田青作为非物质文化遗产保护国家中心主任多次参加论证会,并在标识最后方案的确定、标识新闻发布会、后续宣传等方面进行指导。中国非物质文化遗产标识将作为我国非物质文化遗产保护的符号,用于研究、保护、宣传、展示、出版等领域。标识公布后,得到社会各界的普遍认同,对宣传中国非物质文化遗产保护工作起到了积极的作用,真正成为中国非物质文化遗产保护的标识。

3. 6月9日,由文化部主办、中国艺术研究院承办的"保护文化遗产,守护精神家园—中国文化遗产日专场晚会"在北京民族文化宫大剧院举行。田青作为本次活动的主要负责人,全面参与了方案制订、节目遴选、组织协调工作,并担任主持人。来自全国各地的非遗保护工作者观看了演出,对我国非物质文化遗产的精粹性、丰富性加深了了解,这场晚会的节目以及田青精彩的现场解说至今成为不少非遗保护工作者的记忆,这种将非遗项目原汁原味地搬上舞台加学者讲解的演出形式,成为一种被广泛效法的模式。

1. 在"保护文化遗产,守护精神家园——中国文化遗产日专场晚会"开幕前为"中国非物质文化遗产保护"LOGO揭幕

2. 在民族文化宫剧院主持"中国非物质文化遗产保护成果展专场文艺晚会"时,向观众介绍少林寺小武僧

主持"保护文化遗产，守护精神家园——中国文化遗产日专场晚会"

4.策划组织"中国非物质文化遗产保护论坛"。6月10至12日，由文化部主办、中国艺术研究院承办的"中国非物质文化遗产保护论坛"在北京国际会议中心隆重举行。100余名学者围绕"非物质文化遗产的基本理论建设""非物质文化遗产保护中的价值评判""非物质文化遗产保护实践中的经验和问题""非物质文化遗产与当代社会发展"等问题进行了研讨。新华社、中央电视台、北京电视台、《人民日报》《中国日报》等30家媒体对论坛进行了报道。

5.参与策划"中国戏曲剧种保护展"，参加"中国戏曲剧种保护发展座谈会"。6月10—15日，在中国艺术研究院多功能厅举办了"中国戏曲剧种保护展"。6月10日，文化部副部长周和平、中国戏剧家协会书记处书记董伟、文化部人事司司长高树勋、中国艺术研究院院长王文章等领导为展览剪彩，150多名来宾出席了剪彩仪式。"中国戏曲剧种保护展"以戏曲发展史为经，以各地各民族的戏曲剧种为纬，分戏曲剧种的孕育、成熟、繁荣、革新和保护五个部分。展览展出了大量的精美图片和中国艺术研究院收藏的宫廷戏曲服饰、出土的唐代歌舞戏俑、明清刊刻的戏曲善本、民间戏曲抄本、清末民国初年的戏曲老唱片、20世纪70年代戏曲名老艺人的舞台录像等珍贵戏曲文物和资料,生动形象地展现了中国戏曲的悠久历史、丰富内涵和剧种保护所取得的丰硕成果。展览举办期间,共有两千多名观众参观了展览。中国戏曲剧种保护和发展座谈会期间,与会专家和表演艺术家参观了中国艺术研究院举办的"中国戏曲剧种展"和中国戏曲剧种音像库,并对中国艺术研究院多年来致力于戏曲保护的各项工作表示了高度赞许。

6. 策划实施"中国非物质文化遗产网·中国非物质文化遗产数字博物馆"相关工作。由中华人民共和国文化部主管、中国艺术研究院主办的中国非物质文化遗产保护首个国家级公益性专业门户网站"中国非物质文化遗产网·中国非物质文化遗产数字博物馆"于6月9日正式开通。

7. 参与《中国非物质文化遗产》丛刊创刊工作,担任编委。中国艺术研究院主办的《中国非物质文化遗产》丛刊在我国第一个"文化遗产日"首发,它是我国第一本非物质文化遗产的专业性刊物。

8. 参与策划、发行"文化遗产日"纪念邮票。6月10日,一套(八张)非物质文化遗产主题邮票公开发行,它们分别是南音、昆曲、绕三灵、古琴、少林功夫、木卡姆、云锦和蒙古长调。这套邮票是由非物质文化遗产中心负责策划设计和印制的。

◆6月26日,被文化部正式聘为"国家非物质文化遗产保护工作专家委员会委员",文化部部长孙家正颁发聘书。

◆6月27日,在中国艺术研究院参加研究生院举办的2006届毕业典礼。

◆7月,国家非物质文化遗产保护工作专家委员会成立,该委员会是非物质文化遗产保护工作高层次的专家咨询机构。由68名非物质文化遗产研究和保护领域的知名专家组成,冯骥才任主任委员,专家委员会副主任委员有王文章、资华筠、刘魁立、乌丙安,田青任音乐组召集人。

◆7月11日，赴浙江省舟山市参加由中国艺术研究院非物质文化遗产研究保护中心、浙江省文化厅、舟山市人民政府主办，舟山市普陀区人民政府、舟山市文化广播电视出版局、浙江省群众艺术馆承办的"东方鼓韵——2006中国锣鼓邀请赛"，并担任评委。同时参加中华民间锣鼓专题学术研讨会，并发表即兴演讲《不要让非物质文化遗产在我们这一代消失》。

◆7月22—23日，赴江苏南京参加江苏省广播电视总台（集团）和南京大学联合举办的"七夕·东方情感文化国际论坛"，并做了题为《中国传统节日的现代意义》的演讲。出席论坛的还有李银河、刘索拉、刘达临以及韩国、日本的部分社会学者。

◆7月31日，出席在黑龙江省牡丹江市召开的全国非物质文化遗产保护工作会议并发言。

◆8月10—15日，赴山西省长治市参加"赛社与乐户文化国际学术研讨会"，会议由中国艺术研究院戏曲研究所、中国傩戏学研究院和长治市政府共同主办。

◆8月19—22日，非物质文化遗产保护国家中心应文化部要求召集专家召开了"国家级非物质文化遗产名录2007—2010年预算专家论证会"，会后又对全国各地上报的1500多份预算进行了全面汇总。田青全面负责会议的召集等各项工作。

◆9月4日，在中国艺术研究院参加"中国非物质文化遗产保护单位和传承人问题研讨会"。此次会议是非物质文化遗产研究保护中心应文化部要求举行的有关中国非物质文化遗产传承人和传承单位的认定、命名及保护机制制定的专家论证会，邀请30多位专家出席。与会专家就民间文学、民间音乐、民间美术、民间舞蹈、传统戏剧、曲艺、民俗、传统手工艺、传统医药等门类的具体情况，讨论了如何评定传承人和传承单位的标准、如何保护传承人和传承项目,并建议立法,出台相关配套的法律机制。

◆9月8日,赴山东省东阿县鱼山梵呗寺参加以"鱼山梵呗和谐之音"为主题的中国鱼山梵呗文化节开幕式并致辞,他在致辞中提出佛教文化是我国传统文化和非物质文化遗产的重要组成部分,应该妥善加以保护和传承。

◆9月10日,赴浙江省绍兴象山县参加由中国艺术研究院非物质文化遗产研究保护中心、浙江省文化厅、宁波市文化广播新闻出版局、象山县文化局主办,浙江省群众艺术馆、文化广播电视局承办的"全国渔歌号子邀请赛",担任评委会主任。

◆9月14日,中国艺术研究院正式加挂一块"中国非物质文化遗产保护中心"的牌子,主任为中国艺术研究院院长王文章,田青被任命为副主任兼办公室主任(副局级),负责非物质文化遗产保护的具体工作。文化部孙家正部长、周和平副部长等相关领导,中国艺术研究院王文章院长、国家非物质文化遗产保护工作专家委员会副主任委员刘魁立、资华筠等专家学者以及来自全国各省、市、自治区的文化厅(局)和非物质文化遗产保护中心的同志共100多人参加了揭牌仪式。中国非物质文化遗产保护中心是经中央机构编制委员会办公室批准(中央编办复字〔2006〕103号)正式成立的国家级非物质文化遗产保护的专业机构,承担全国非物质文化遗产保护的有关具体工作,履行非物质文化遗产保护工作的政策咨询;组织全国范围普查工作的开展;指导保护计划的实施;进行非物质文化遗产保护的理论研究;举办学术、展览(演)及公益活动,交流、推介、宣传保护工作的成果和经验;组织实施研究成果的发表和人才培训等工作职能。

◆9月21日上午,参加由文化部举办的"中秋节——弘扬民族文化优秀传统专家座谈会"。

中国非物质文
化遗产保护中
心牌匾

◆ 9月22日，赴厦门鼓浪屿参加"第四届厦门中秋博饼节"。此次活动由中国非物质文化遗产保护中心与厦门市鼓浪屿——万石山风景名胜区管委会、思明区人民政府、厦门日报社、厦门广电集团联合主办，活动一直持续到10月9日。

◆ 10月6—8日，中国非物质文化遗产保护中心与中共福建省武夷山市委员会、福建省武夷山市人民政府一同在北京钓鱼台、王府井、马连道、老舍茶馆主办了"浪漫武夷，风雅茶韵——2006年武夷山大红袍晋京系列活动"。田青参与了该系列活动的前期考察和论证工作。

◆ 10月10日，到中央音乐学院参加由中央音乐学院、中国音乐学院、中国艺术研究院音乐研究所主办的"2006北京·国际古琴音乐文化周暨纪念古琴大师吴景略诞辰100周年"大会。在中国艺术研究院召开的会议中，田青做主题发言，主要讲了古琴艺术的传承与非物质文化遗产的保护工作。

◆ 10月11—12日，参加文化部在甘肃省环县召开的"全国非物质文化遗产保护试点工作经验交流会"。会议期间，实地考察了甘肃省环县道情皮影试点项目开展保护和传承的做法和成果，总结交流了各地开展试点工作和非物质文化遗产保护工作的情况与经验，并就如何借鉴试点工作的经验，进一步推进全国的非物质文化遗产保护工作进行了认真研究和讨论。

◆ 10月21—22日，赴安徽蚌埠出席"2006中国花鼓灯歌舞节"，此为"第一届中国花鼓灯歌舞节"，由中国非物质文化遗产保护中心与中国舞蹈家协会、安徽省文化厅联合举办。此后，每两年举办一次。

◆ 10月26—29日，出席"2006年中国·苏州美食节首届中国菜（宴）非物质文化遗产保护与发展高层研讨会"，并做专题演讲。

◆ 10月29日，在人民大会堂出席"中华文化交流与合作促进会第三届理事大会"。

◆ 11月2—7日，策划举办"首届全国木版年画联展"，并为之写了序言。此次展览是中国木版年画的首次全国性大型联合展览，也是中国非物质文化遗产保护工作开展以来的首次全国性的专项艺术展览，在西安国际展览中心举办。展览期间，还举办了"中国木版年画保护和发展座谈会"。

◆ 11月4—6日，在北京长安大戏院二楼贵宾厅出席泉州提线木偶艺术发展对策咨询会。

◆ 11月6日，在文化部参加"中国非物质文化遗产精品展"（巴黎·联合国教科文组织总部）论证会。

◆ 11月29日—12月2日，赴福建省泉州市考察泉州南音，并出席泉州南音"申报工作座谈会"。

◆ 12月5日，赴内蒙古呼和浩特市参加蒙古族长调民歌联合保护协调指导委员会会议，会议宣布为期10年的中国和蒙古国蒙古族长调民歌联合保护行动正式启动。

◆12月12日,赴福建省泉州市参加由文化部主办,中国艺术研究院·中国非物质文化遗产保护中心和福建省泉州市文化局承办,并于13日举行的"全国非物质文化遗产普查工作暨第二批国家级非物质文化遗产名录申报工作培训班"开班仪式。随后为培训班学员授课。出席开班仪式的还有文化部副部长周和平,文化部社会文化图书馆司巡视员周小璞,中国艺术研究院院长、中国非物质文化遗产保护中心主任王文章,中国艺术研究院副院长、中国非物质文化遗产保护中心常务副主任张庆善,福建省人民政府副省长汪毅夫,福建省文化厅副厅长范碧云等领导及非遗保护专家和来自全国非物质文化遗产保护工作一线的工作人员共150多人。

◆12月18日,在京出席由北京市文学艺术界联合会与北京师范大学艺术与传媒学院联合主办的"2006北京文艺论坛"。

石占明(右)成为二炮政治部文工团独唱演员后,与田青(中)、刘红庆(左)在北京合影

◆ 9—12月，组织、执行、实施"第一批国家级非物质文化遗产名录图典"相关修改、编辑方案，推动《第一批国家级非物质文化遗产名录图典》出版。

◆ 经其力荐，石占明正式成为中国人民解放军第二炮兵政治部文工团的一名独唱演员。

◆ 著名法学专家黄东黎等主编的《法的界限——丽江"纳西古乐"引发名誉侵权案的法律思考》（人民出版社2006年版），收录了多位法学界专家的文章，探讨"纳西古乐案"，声援田青和《艺术评论》。认为"法院可以判决学术文章是否名誉侵权，但法院无法来判决学术观点的是非……把学术评论与名誉侵权不适当地混同必然会阻碍学术的自由探讨和进步"。该书收录文章包括：

江平：真理会越辩越明的（序）
黄东黎：法律适用、法律推理及自由裁量权的行使尺度——丽江"纳西古乐"引发名誉侵权案例分析的视角
梁治平：名誉权与言论自由：宣科案中的是非与轻重——宣科诉吴学源、《艺术评论》名誉侵权案评论
刘海波：批评性言论的法律界限——宣科诉吴学源、《艺术评论》杂志社名誉侵权案评论
杨立新：应当区分学术批评中诽谤与尖刻评论之间的界限——关于"纳西古乐"案件的第二次评论
贺海仁：案件的正确答案与案件的社会结构——以"纳西古乐"案为分析对象
谢海定：司法如何审裁学术作品的名誉侵权纠纷——宣科诉吴学源、《艺术评论》杂志社案评析
阮金阳：从"纳西古乐"案看学术批评的法律困境
甘霖：公正评论的边界——评"纳西古乐"案二审判决
董晓萌：宣科诉《艺术评论》杂志社名誉侵权案件法律推理的分析

《法的界限》
书影

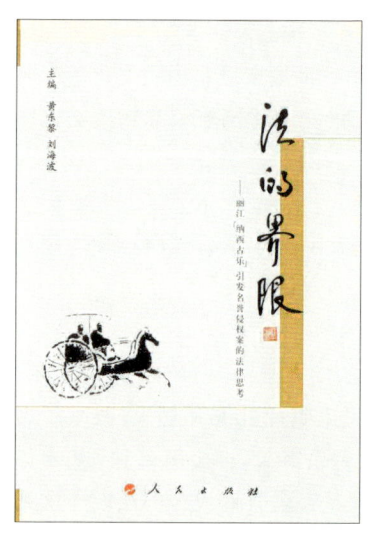

邱东、黄东黎：侮辱与诽谤的界限——宣科名誉侵权案件的几点思考

吴志强：宣科名誉侵权案件中《艺术评论》杂志社侵权责任的法律分析

◆本年度招收一位博士研究生：林苗，两位硕士研究生：张婷、巫宇军，均为音乐学专业。

◆年度小结：

1. 工作重心全部转向非物质文化遗产保护，最为重要的工作：一是策划实施了"中国非物质文化遗产保护成果展"及专场晚会；二是组织策划了第一个"文化遗产日"系列纪念活动。这些活动唤起了全社会对非物质文化遗产保护事业的极大关注，自此"非物质文化遗产"成为社会"热词"，因此2006年被媒体称为是"中国非物质遗产保护元年"，而田青则是这些活动最主要的策划者和实施者。不仅如此，他还利用一切机会，包括媒体采访、电视节目、学术讲座与学术会议、著书立说等种种形式为非遗发声，疾呼:"我们目前的当务之急,一要守护精神家园,二要传承民族文化,三要精神物质全面发展。苟有利益此前途者,无论是古是今,是人是鬼,是三坟五典,百宋千元,天球河图,金人玉佛,祖传丸散,秘制膏丹,全都保护起来!"提出不能简单地用"精华与糟粕""先进与落后""迷信与文明"这样的二元论的观点对待非物质文化遗产,尤其是涉及与宗教信仰相关的文化遗产,更要以宽容的心态对待之,要认识到"民间信仰与民间崇拜,也都是中国传统文化的重要组成部分。甚至可以这样说:假如把所有涉及民间信仰与民间崇拜的内容都去掉,中国的传统文化,将所剩无几"。

2. 担任"青歌赛"评委,并倡导设立了"原生态"组,为民族民间唱法正名。他说:"原生态是我们民族唱法的根基,是有价值的独立的艺术门类,原生态唱法和民族唱法是平等的。"其言论引起了音乐学界关于唱法科学性的大辩论。他充分利用各种机会为"原生态"辩护,争取现场诸多评委、嘉宾以及主持人的支持,使得短短几天内"原生态"便成为媒体热词,引起全国民众的关注,余秋雨评价他为"激昂的斗士"。多年来,他一直关注中国民族音乐的出路:对于民族器乐,他提出了"三种模式"的理论,反对把中国的管弦乐队完全西化,以西方的管弦乐队为楷模来建构我们的民族管弦乐队,反对以西方的标准改造中国乐器;对于民族声乐,反对"罐头歌手",倡导民族化、个性化与多元化,"青歌赛"原生态组的设立,正是其这种声乐理论的胜利。他认为,原生态唱法的意义有三:"第一,接续历史,让我们重新找到民族文化的根;第二,重新强调艺术的本质,提倡真情、提倡个性,反对在艺术领域里的技术至上主义和科学主义,回归艺术的本真;第三,提倡文化的多样性,反对在某一个艺术领域里只有一种声音。"

◆ 本年度著作:

主编《中华艺术通史·魏晋南北朝卷》,北京师范大学出版社。

《鲁迅错了吗?——兼谈"非物质文化遗产"概念的内容》,《音乐研究》第 1 期。

《从保护非物质文化遗产的角度谈民族音乐的出路问题》,《福建艺术》第 1 期。

《非物质文化遗产的胜利:从北京市政府改变"禁放令"谈起》,《中华文化画报》第 2 期。

《不可多得的非物质文化遗产》,《福建艺术》第 3 期。

《守护精神家园》,《文艺报》3 月 11 日;后以《非物质文化遗产保护三议》为名发表于《云南艺术学院学报》2006 年第 6 期。

《原生态音乐的当代意义》,《人民音乐》第 9 期。

《在非物质文化遗产保护过程中音乐学家的地位与作用》,《福建艺术》第 6 期。

《文章千古事 善哉一点心》,《中原古乐史初探》序,台湾乐学书局。

《我们只有一个爷爷》,载陈琴《山村·山鼓·山歌:爷爷的故事》,《人民音乐》第 1 期。

《〈年鉴〉成人礼赞》,《中国音乐年鉴 2006》,文化艺术出版社。

2007

◆ 2月12日，参加由文化部召开的国家非物质文化遗产保护工作专家委员会会议。文化部副部长周和平通报了2006年工作进展和2007年工作思路。

◆ 2月14日下午，在文化部参加非物质文化遗产保护工作新闻通气会。

◆ 2月17日15:00，做客人民网《文化在线》栏目，介绍我国首次"非物质文化遗产保护成果展"及台前幕后的故事。

◆ 3月12日，在文化部出席第一次省部联席会议，商议将于5月23日在四川成都开幕的"首届中国成都国际非物质文化遗产节"的活动总体方案，通报筹备工作进展情况，以及安排下一步工作计划。文化部部长孙家正，副部长周和平，部长助理丁伟，四川省副省长柯尊平，成都市市长葛红林，文化部办公厅主任黄振春，文化部外联局局长李冬文，中国艺术研究院院长、中国非物质文化遗产保护国家中心主任王文章等参加了会议。

◆ 3月22日上午，出席在中国艺术研究院研究生院通州学区举行的中国艺术研究院非物质文化遗产保护研究生课程班（第二期）暨高级培训班（第一期）开学典礼。中国艺术研究院院长王文章，文化部社会文化图书馆司领导周小璞，中国艺术研究院副院长张庆善，北京市通州区政协主席王玉辉和中国艺术研究院研究生院的领导张晓凌、孙建君，国家非物质文化遗产保护工作专家委员会副主任委员乌丙安，以及来自各省、市、自治区的学员等参加了此次开学典礼。

◆ 3月30—31日，赴厦门参加闽南文化生态保护工作研讨会。国务委员陈至立出席并讲话。文化部部长、中国文联主席孙家正主持研讨会。国家体育总局局长刘鹏,国务院副秘书长项兆伦,文化部党组成员、副部长周和平,文化部党组成员、国家文物局局长单霁翔以及福建省省长黄小晶,福建省委常委、厦门市委书记何立峰,福建省副省长汪毅夫等出席会议。

◆4月初,赴日本东京现场考察即将在日本举行的有史以来第一次全部由中国非物质文化遗产组成的国事演出的剧场并制订演出方案。

◆4月11—13日,跟随温家宝总理对日本进行国事访问。担任艺术总监,并亲自主持12日举行的"守望家园——中国非物质文化遗产专场晚会"。此次晚会作为中日文化体育交流年中方开幕式在日本国立剧场举办,由文化部主办,中国艺术研究院·中国非物质文化遗产保护中心和中国对外演出公司共同承办。中国总理温家宝和日本首相安倍夫妇以及日本政要、各界人士等1600多名中日观众观看了演出。此次演出是中国的非物质文化遗产首次配合国家领导人出访而进行的国事演出,晚会选择了入选联合国教科文组织"人类口头和非物质遗产代表作"名录的中国项目——昆曲艺术、古琴艺术、新疆维吾尔木卡姆艺术、蒙古族长调民歌以及入选我国《第一批国家级非物质文化遗产名录》的部分项目作为演出内容,这是中华人民共和国成立以来中国唯一全部以非物质文化遗产作为内容的国事演出,演出人员中除了唱昆曲的演员、琵琶演奏家、古琴演奏家以外,其余全是普通百姓,如唱长调的是蒙古族牧民,表演刀郎木卡姆的是新疆莎车县的维吾尔族农民,演唱侗族大歌的是来自贵州的侗族女童,等等。晚会的精彩内容和别开生面的演出形式,不仅为日本观众展开了一幅中国艺术的千年画卷,而且敲开了中日两国间相互深入了解和欣赏的大门,垒起中日友谊的坚固基石,构筑了和谐亚洲、和平世界的美好家园。

◆ 4月16—20日，赴法国巴黎参加在联合国教科文组织总部举行的"巴黎·中国非物质文化遗产节"活动。艺术节由中华人民共和国文化部主办，中国艺术研究院和中国非物质文化遗产保护中心承办，这是中国政府第一次在联合国举办非物质文化遗产保护的宣传活动，也是世界范围内第一次在联合国教科文组织总部举办的非物质文化遗产保护的展览演出活动。文化遗产节分为两个部分：一是4月16—20日在联合国教科文组织总部大楼环形走廊举办中国非物质文化遗产保护展览；二是精选联合国教科文组织公布的《人类口头和非物质遗产代表作》和中国非物质文化遗产保护国家名录中的有关项目，组成一台演出：4月16—17日在联合国教科文组织总部的两场演出是中国迄今为止在国外举办的规模最大、质量最高的非物质文化遗产节演出，也是联合国教科文组织迄今为止举办的规模最大、质量最高的非物质文化遗产节演出，联合国教科文组织大会主席穆萨·哈桑、执行局主席章新胜、总干事松浦晃一郎和中国文化部副部长周和平都出席了遗产节并观看了演出。松浦晃一郎对中国的非物质文化遗产保护成就和此次活动做出了高度评价，他认为此次活动突出反映了中国非物质文化遗产的多样性，中国在非遗保护中起着关键作用。文化遗产节期间，正值联合国教科文组织举行第176届执行局会议。参会的58个国家的执委、各国常驻联合国教科文组织的大使以及法国各界人士近万人参加了展览演出活动。田青担任此次活动的艺术总监，策划并具体实施了整个活动，并担任两台晚会的主持。为办好此次活动，两次奔赴巴黎，同联合国教科文总部官员进行细致商谈并察看展演场地，具体落实展演方案和各个细节；曾经在三天之内从北京往返巴黎——自北京飞抵巴黎后未有任何休息便马上与对方进行紧张的谈判，事后又立即飞回北京处理国内的其他事务。专业修养、敬业精神和坦诚风趣的人格魅力使联合国教科文组织的相关负责人为之倾倒，主动免去了原来提出的场地租借费用，对我国此次活动的任何要求都全力配合。

1、2.在日本东京主持国事演出"守望家园——中国非物质文化遗产专场晚会"

3."守望家园——中国非物质文化遗产专场晚会"演出结束后,与演员合影

4、5.巴黎的观众参观中国非物质文化遗产保护展览

1

2

3

4

5

1

2

3

4 5

1. 在联合国教科文组织总部大楼环形走廊举办中国非物质文化遗产保护展览

2. 在巴黎联合国教科文组织总部外等待观看中国非物质文化遗产艺术节展览和演出的观众

3、4. 在巴黎联合国教科文组织总部举办的中国非物质文化遗产演出

5. 在巴黎联合国教科文组织总部同表演贵州侗族大歌的小演员们合影

◆ 5月3—7日，赴江苏省常熟市参加"首届中国古琴艺术节"，本届古琴艺术节由中国艺术研究院、中国非物质文化遗产保护中心与江苏省文化厅、常熟市人民政府联合主办。主题活动包括：融琴与舞、琴与歌、琴与书画等为一体的开幕式大型文艺晚会——"虞山琴韵中华情暨纪念吴景略诞辰100周年中国古琴名家音乐会"；首届全国古琴大赛复赛、决赛；以"流派继承、打谱研究、古琴教学、古琴制作"等内容为主题的"首届中国古琴艺术保护论坛"；集一批唐宋以来名琴和以古琴艺术为主题的历代书画作品于一堂的"中国名琴书画展"等。

◆ 5月23—25日，赴成都出席"首届中国成都国际非物质文化遗产节"活动。5月23日—6月10日，"首届中国成都国际非物质文化遗产节"活动在四川成都举行，中国非物质文化遗产保护中心作为承办方之一参与了其中的多项活动。田青于23日上午出席开幕式，下午参加"中国成都国际非物质文化遗产节·非物质文化遗产国际论坛"，会议发表了非物质文化遗产保护《成都宣言》；24日下午在成都图书馆进行非物质文化遗产讲座，同时担任遗产节主题晚会《守望家园》的艺术指导和主持人。

◆ 6月2—4日，由中国艺术研究院和台湾东吴大学共同主办、中国艺术研究院艺术人类学研究中心和中国艺术人类学学会共同承办的"非物质文化遗产保护中的田野考察工作方法研讨会"在北京召开。田青出席了开幕式并讲话。

◆ 6月8日上午，人事部、文化部、国家文物局在北京人民大会堂隆重召开全国文化遗产保护工作表彰大会，为对我国文物保护和非物质文化遗产保护做出突出贡献的117个先进单位和340个先进个人分别授予国家级和省部级奖励。国务委员陈至立出席并向获奖代表授奖颁发证书和奖牌。田青被授予"全国非物质文化遗产保护先进工作者"荣誉称号。

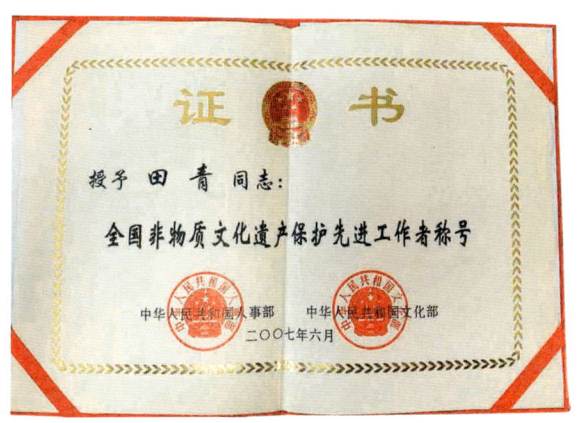

荣获人事部、文化部颁发的"全国非物质文化遗产保护先进工作者称号"

◆6月9日晚,参加由文化部主办,中国非物质文化遗产保护中心承办的"文化遗产日"主题晚会,晚会在北京全国政协礼堂举行,田青担任晚会的总策划并亲自主持。晚会集中展演了来自6个省、7个院团的7个不同珍稀剧种。文化部部长孙家正、副部长周和平及参加部级领导干部历史文化讲座的近百位领导干部,文化部社会文化图书馆司司长张旭,中国艺术研究院院长、中国非物质文化遗产保护中心主任王文章等观看了演出。演出之前,文化部部长孙家正、副部长周和平等为第一批国家级非物质文化遗产项目代表性传承人颁发证书,为闽南文化生态保护实验区授牌,并颁发了"文化遗产日奖"。

◆6月10日晚,在中国国家图书馆音乐厅观看"国韵流芳——中国四大'世界非物质文化遗产代表作'展演"。

◆6月15—18日,策划并组织"第二届中国非物质文化遗产保护·苏州论坛",并在论坛上做了"保护与发展"主题报告。论坛由文化部、江苏省人民政府主办,中国非物质文化遗产保护中心、江苏省文化厅、苏州市人民政府、昆山市人民政府承办。来自全国各地的300余位代表围绕中国非物质文化遗产保护的理论、实践和方法进行了广泛的交流和研讨,最终达成《中国非物质文化遗产保护·苏州论坛共识》。

◆参加在国家图书馆举办的"部级领导干部历史文化讲座",为部级领导干部讲授文化遗产保护。"部级领导干部历史文化讲座"由中央国家机关工委、文化部、中国社会科学院主办,国家图书馆承办,6月10日在北京中华世纪坛开讲。

◆6月18日,接受《广州日报》记者吴波采访,介绍非物质文化遗产保护的现状及传承的重点、难点。

◆6月24日晚,应邀到浙江省宁波市图书馆做《非物质文化遗产的保护与发展》的演讲。

◆6月,策划并具体实施第二个文化遗产日系列活动,主题是"保护文化遗产,构建和谐社会"。6月9日是我国第二个文化遗产日,为庆祝此节日,文化部等各大部委牵头主办了一系列活动。其中,中国非物质文化遗产保护中心具体承办了"中国珍稀剧种研讨会""中国非物质文化遗产珍稀剧种展演""中国非物质文化遗产专题展"等大型活动。其中珍稀剧种展演晚会于6月5—9日分别在民族文化宫大剧院和全国政协礼堂连续举办五场。来自福建、山西、广东、河北、四川、贵州、青海等省的27个剧种的27出经典折子戏片段亮相京城舞台。"中国珍稀剧种研讨会"于6月7日在中国艺术研究院举行,讨论有关非物质文化遗产保护及传统戏剧研究保护和继承发展等问题。"中国非物质文化遗产保护专题展"于6月8—18日在北京中华世纪坛举行,分为年画、剪纸、皮影、木偶、染织5个专题,共展出来自全国各地的1400余件作品,现场制作和表演项目共计21项。展览通过展板、实物、现场制作和表演等方式,多方位、多角度地展示了我国丰富的非物质文化遗产和保护成果。展览取得了良好的社会效应,超过10万人参观了展览。作为继2006年在中国国家博物馆举办的"中国非物质文化遗产保护成果展"之后的又一项大型展览,不仅是我国非物质文遗产保护工作原则的具体体现，同时也是进一步加强全社会都来关心和重视我们民族优秀文化遗产力量的举措，对宣传我国第二个"文化遗产日"、推动我国非物质文化遗产保护工作具有积极和深远的意义。6月9日遗产日当天，中共中央政治局常委、国务院总理温家宝，中共中央政治局常委李长春分别来到中华世纪坛参观了展览并给予高度评价，田青全程陪同。此次活动田青作为艺术总监全程策划并负责落实各项具体工作。

◆7月2日，在中国艺术研究院参加2007届研究生毕业典礼，作为教师代表致辞，他的这个讲演被称为"毕业典礼的最佳讲演"。

2007年7月2日，在毕业典礼上致辞

◆7月12日，在人民大会堂浙江厅参加由文化部、中国艺术研究院、天津音乐学院、中央音乐学院、中国音乐家协会、人民音乐出版社、中共瑞安市委主办，中国艺术研究院音乐研究所承办的"《缪天瑞文存》《百岁学人缪天瑞》影集首发式"。

◆7月27—29日，赴河南嵩山少林寺参加"少林问禅"活动。

◆7月27日，参加在昆明举办的"2007文化产业云南论坛"并发表讲话。

◆9月15日晚，在故宫皇极殿宁寿门前观看台湾汉唐乐府表演的古典南音乐舞《韩熙载夜宴图》，观看演出的还有文化部部长孙家正，文化部副部长、故宫博物院院长郑欣淼，国家博物馆馆长吕章申和中国艺术研究院院长王文章以及李文儒、卜键、邵大箴、叶廷芳等有关领导和专家。演出由故宫博物院、中国艺术研究院和台湾汉唐乐府共同主办。16日参加研讨会并发言。

◆9月20日，作为主讲嘉宾参加在北京大学百年纪念讲堂多功能厅举办的"汉唐乐府学术与创意产业论坛"。

"中华魂民族根"展览在国家大剧院水下长廊东侧展厅举行

◆9月,策划并具体实施在国家大剧院进行的非物质文化遗产展。为配合国家大剧院的顺利建成和宣传我国的非物质文化遗产保护成果,自2007年9月28日起至2008年8月底,中国非物质文化遗产保护中心在国家大剧院水下长廊东侧展厅举办题为"中华魂民族根"的中国非物质文化遗产保护成果展,为期一年。这是国家大剧院落成之后举办的第一个展览。

◆9月24日,在中央音乐学院中国管乐周活动期间进行主题讲座。

◆9月25日晚,赴苏州参加"第七届中国国际民间艺术节",艺术节由中国文联和江苏省人民政府共同主办,苏州市人民政府、江苏省文化厅、江苏省文联等联合承办。

◆9月27—28日,赴山东曲阜参加"2007年中国(曲阜)国际孔子文化节祭孔大典",并参加"第七届世界儒学大会"。本届世界儒学大会由中华人民共和国文化部、山东省人民政府联合主办,中国艺术研究院、济宁市人民政府、孔子研究院共同承办,来自12个国家的近百位专家学者参加,大会原则通过了《世界儒学大会宣言》与《世界儒学大会章程》。

◆11月9日上午，赴江苏南京参加"中国非物质文化遗产织锦技艺、制品博览会"开幕式。本次博览会由文化部支持，中国非物质文化遗产保护中心、江苏省文化厅、南京市委宣传部、南京市文化局联合主办，中国工艺美术织锦专业委员会、南京云锦研究所联合承办。

◆11月25—28日，赴浙江省舟山市参加于11月27日晚在浙江舟山剧院举办的"舟山群岛·中国渔歌邀请赛"，并担任评委。"舟山群岛·中国渔歌邀请赛"由西奥夫中国委员会（中国群众文化学会）和舟山市人民政府主办，浙江省群众艺术馆、舟山市文化广电新闻出版局、舟山广播电视台、舟山市文化艺术界联合会承办。

◆12月2日，在北京广西大厦参加文化部《第二批国家级非物质文化遗产名录》项目专家评审会第二轮评审会议。

◆本年度司冰琳、王英睿、都本玲、杨媚四位学生毕业；招收第一名非物质文化遗产保护研究方向博士研究生宋本蓉，一位音乐学硕士研究生张晓雪。

◆年度小结：

> 工作重心仍为非物质文化遗产保护，本年度最重要的事情一是4月份随温总理访日，并率领中国非物质文化遗产展演团为中日领导人进行国事演出；二是筹办在联合国教科文总部举办的中国非物质文化遗产节活动。这两次活动，使得中国的非物质文化遗产以极其高调的姿态亮相于世界舞台，展现了中国传统文化的魅力，体现了中华民族的文化自信，在一定程度上增强了中国外交的文化软实力。三是策划实施第二个文化遗产日系列活动，并得到了国家领导人的一致肯定，使得非遗保护从此进入国家政策层面。

◆本年度著作：

《文化遗产保护的精华与糟粕》，《人民日报》（海外版）1月9日。

《一个美丽的记忆》，《艺术评论》第1期。

《中国传统文化与传统音乐》，《南京艺术学院学报》第2期。

《别忘了保护地方小戏》，《人民日报》6月8日。

《原生态：唤醒文化自觉与维护文化多样性的契机》，《中国艺术报》6月15日。

《回归也是发展——陈美娥与"汉唐乐府"给我们的启发》，《福建艺术》第6期。

《别让遗产保护留下"遗恨"》，《人民日报》8月13日。

2008

◆ 1月，在国家大剧院主讲《勿忘祖先的歌——非物质文化遗产中的中国民族音乐》。

◆ 1月20日—2月21日（元宵节），策划并实施在文化部举办的"中国传统节日图片展"。此次展览跨越春节，为期40天。

◆ 1月30日，在文化部参加"国家非物质文化遗产保护工作专家委员会迎春座谈会"。文化部副部长周和平主持会议，总结2007年非物质文化遗产保护工作情况，并通报2008年的工作安排。专家委员会副主任委员王文章、资华筠、刘魁立、乌丙安、周小璞及来自非物质文化遗产10个门类的53位专家委员参加会议。

◆ 1月31日下午，在文化部参加"非物质文化遗产保护与古籍保护工作新闻发布会"。会上，文化部党组成员、副部长周和平通报了我国非物质文化遗产保护与古籍保护的工作情况，并介绍了2008年非物质文化遗产保护的主要工作。参加新闻发布会的还有文化部社会文化图书馆司司长张旭，中国国家图书馆馆长、中国国家古籍保护中心主任詹福瑞，中国艺术研究院副院长、中国非物质文化遗产保护中心常务副主任张庆善，中国国家古籍保护中心专家委员会主任李致忠等相关领导及专家。发布会由文化部办公厅主任黄振春主持。

◆ 2月，策划并实施"薪火相传的人文精神——国家级非物质文化遗产项目传承人戏曲、曲艺、歌舞专场演出"。为配合2月下旬我国政府以国家名义对10个项目700余位经过批准和公示的国家级非物质文化遗产项目代表性传承人举行的授勋仪式，中国非物质文化遗产保护中心于2月23—29日在北京梅兰芳大戏院、长安大戏院、民族文化宫剧场等场馆举办6场专题演出。

◆2月20日，在北京出席国家级非物质文化遗产项目代表性传承人颁证仪式暨传承人专场演出新闻发布会。

◆2月28日上午，在北京参加国家级非物质文化遗产项目代表性传承人座谈会；当天下午，在人民大会堂出席由文化部主办的国家级非物质文化遗产项目代表性传承人颁证仪式。国务委员陈至立、文化部部长孙家正、文化部副部长周和平及部际联席会议成员单位负责同志出席并为传承人颁发证书，会议由文化部副部长周和平主持。来自各省、自治区、直辖市近百位入选第二批国家级非物质文化遗产项目代表性传承人的代表参加此次颁证仪式。

◆策划并组织实施"天籁之音——中国非物质文化遗产音乐选萃专场演出"活动。于2月29日—3月2日在国家大剧院举办两场中国非物质文化遗产音乐选萃专场演出，从古琴这样的高雅艺术到陕西"华阴老腔"这样的"土得掉渣"的民间艺术共同参演。

◆3月3—14日，出席全国政协十一届一次会议并列席全国人大十一届一次会议，本年的政府工作报告中首次出现了"非物质文化遗产保护"的内容。

◆3月3日晚，受周吉邀请，与张庆善、张振涛一起到新疆驻北京办事处，参加新疆木卡姆艺术团到中国国家大剧院演出的庆功宴。

◆3月18日，在中国艺术研究院陪同院长王文章、副院长张庆善接待少林寺方丈释永信来访。

◆4月5日，上海音乐厅"东早讲坛——世界音乐系列讲座"邀请其演讲《中国音乐的精神》。

◆4月13日，赴上海参加"重新种植中华文明记忆"——《非常有戏·寻根之旅》专家研讨会。

◆4月中旬，应邀到中国人民大学进行非物质文化遗产讲座。

◆4月，担任"CCTV第十三届'隆力奇杯'全国青年歌手电视大奖赛"评委和原生态组组长。

◆4月底，因视觉障碍入北京同仁医院检查，诊断为青光眼。后赴中国中医科学院眼科医院复查，认为"可能不是眼疾，是重症肌无力引起的眼皮下垂"。

◆5月3日，在中国人民解放军第二炮兵总医院（今中国人民解放军火箭军总医院）住院，确诊为重症肌无力合并胸腺瘤。

◆5月7日，在中国人民解放军第二炮兵总医院开胸做胸腺瘤切除手术，术前惊闻老友新疆著名木卡姆艺术研究学者周吉突发急病在京去世，写诗悼念。数日后，汶川地震。

◆6月，在病榻上指导并策划第三个"文化遗产日"系列活动。

同"第十三届'隆力奇杯'全国青年歌手电视大奖赛"原生态组金奖获得者"土苗兄妹组合"合影

1.2008年5月,92岁高龄的周巍峙到医院看望病中的田青

2.和老友周吉在新疆

1

2

◆ 6月11日晚,"2008中国非物质文化遗产展演"系列活动的首场演出——"晋江高甲戏柯派(丑行)小戏专场"在北京民族文化宫剧场上演。本次展演由文化部主办,中国非物质文化遗产保护中心承办,是一项全国性、大规模的非物质文化遗产系列演出,也是北京奥运会期间的重要文化活动之一,从6月11日持续到9月1日。展演采取地方专场形式,由福建、四川、山东、江苏等省精心挑选本地区非物质文化遗产代表性项目赴京演出。第一阶段的展演包括晋江高甲戏小戏专场和《真假公主》、四川民族民间歌舞

专场、淮海戏《皮秀英》和小戏专场、柳琴戏《王祥卧鱼》、婺剧《白蛇前传》以及山西民间器乐专场等。

◆ 7月，病中策划组织"少数民族非物质文化遗产保护成果展"，活动于7月27日至9月18日在北京举行。

◆ 7月6—10日，在北京民族文化宫剧场上演"非物质文化遗产曲艺专场演出"。

1

1. 中国非物质文化遗产传承技艺展演

2. "中国非物质文化遗产传承技艺展演"上，艺人在演示石雕艺术

2

◆8月，病中策划组织在北京民族文化宫展览馆举办的"中国非物质文化遗产传承技艺展演"。

◆8月6日，"中国非物质文化遗产传承技艺展演"在北京民族文化宫展览馆开幕。

◆9月1—30日，策划在香港举办的中国非物质文化遗产保护成果演出和展览。

◆10月18日晚，在故宫皇极殿观看台湾汉唐乐府带来的大型古典南音乐舞戏《洛神赋》。

◆10月19—20日，在京出席"洛神赋——诗、书、画、乐、舞"学术研讨会，此次研讨会由故宫博物院、中国艺术研究院、台湾汉唐乐府联合举办。

◆10月30日上午，在中国艺术研究院剧场观看四川觉囊梵乐演出，参加觉囊梵乐艺术研讨会并发表即兴演讲。

◆11月30日，赴新疆乌鲁木齐参加中国维吾尔古典文学和木卡姆学会成立大会及研讨会，应邀为参会学者介绍我国非遗保护工作的现状和政策，并就新疆非物质文化遗产的保护与传承工作提出建议。

◆12月17日，赴上海参加"中国非物质文化遗产（传统音乐）保护培训班"开班仪式并进行授课。培训班由文化部主办，中国艺术研究院·中国非物质文化遗产保护中心承办，上海非物质文化遗产保护中心、上海高校人文社科重点研究基地、上海音乐学院中国仪式音乐研究所、上海市文化广播影视管理局人才培训交流中心协办。

◆策划组织澳门"藏族非物质文化遗产大展",赴澳门与澳门文化局商洽。

◆当选为中国人民政治协商会议第十一届全国委员会委员。

◆主持世界佛教论坛研究项目——"中国佛教国家级'非遗'项目的保护现状及对策"。

◆本年度任飞、司亚丹、赵羚三位硕士研究生毕业;招收一名博士研究生:姚慧,两名硕士研究生:谢忠军、张雯影,均为非物质文化遗产保护研究专业。

◆年度小结:
本年度主要工作仍为非物质文化遗产保护,策划各种展演、出席论坛、演讲、担任"青歌赛"评委等,一直身体力行走在非物质文化遗产保护工作的最前端,呼吁通过保护传统文化来接续历史,继承传统,增强民族自信力与凝聚力,提高国家软实力。[①] 他和其他非遗工作者的不懈努力促使当年的政府工作报告中首次提到了"非物质文化遗产保护",非遗保护从此进入国家政策层面。对民族文化的自信是其所有理论的核心。因劳累过度,身染重疴,做开胸手术,住院月余。

◆本年度著作:
《避免城市风格"罐头化"》,《人民日报》4月16日。
《中国传统节日的现代意义》,《中国艺术报》4月1日。

---

① 田青:《中国传统节日的现代意义》,《中国艺术报》2008年4月1日。

2009

◆ 1月19日，中共中央政治局委员、国务委员刘延东来到中国艺术研究院调研、座谈，看望本院专家学者、艺术家。田青参加座谈会。

◆ 2月3日，台湾法鼓山开山圣严法师圆寂，田青撰联悼念："圣不异凡凡不异圣凡圣同闻法鼓，严即是宽宽即是严宽严俱是慈悲！"

◆ 2月9日，策划并实施在北京全国农业展览馆举办的"中国非物质文化遗产传统技艺大展"。展览由文化部等14个非物质文化遗产部级联席单位及北京市人民政府主办，中国艺术研究院·中国非物质文化遗产保护中心、北京市文化局承办。全国人大常委会副委员长马义铁力瓦尔地、全国政协副主席白立忱、文化部部长蔡武等领导同志参加了开幕式。文化部部长蔡武在开幕式上致辞，文化部副部长周和平主持。

◆ 3月3—12日，出席全国政协十一届二次会议并列席全国人大十一届二次会议。提交了五份提案：1.学校要把"非物质文化遗产教育"列为课程；2.尽快解决边远地区非物质文化遗产传承人的生计问题；3.遏制地方旅游破坏人文生态；4.创建一座国家级的非物质文化遗产博物馆；5.把传统文化的"传习所"制纳入全日制国家教育体系。

◆ 3月20—24日，在澳门综艺馆举办"雪域风情——藏族非物质文化遗产精粹展"，田青为策展人，陪同第十届全国人大副委员长热地、澳门特别行政区长官何厚铧等参观开幕式并进行讲解。

◆ 3月28日—4月1日，赴江苏无锡参加"第二届世界佛教论坛"，在"佛教音乐分论坛"发表主旨演说《佛教音乐是我国珍贵的非物

1. 2009年元宵节，在北京农业展览馆举办"中国非物质文化遗产传统技艺大展"时场外等待的观众

2. 在澳门举办"雪域风情——藏族非物质文化遗产精粹展"时，参观的人流

3、4. 澳门"雪域风情——藏族非物质文化遗产精粹展"展厅内布展情况

质文化遗产》。

◆4月，赴韩国参加"中韩非物质文化遗产保护会议"，商讨两国在联合国科教文组织下设二级机构"亚太地区非遗保护中心"的分工问题，回国后写作论文《从冲突到携手——中韩共同保护人类非物质文化遗产》（发表于5月8日《中国文化报》），从历史的角度阐发中韩两国的文化交流史，对两国共同保护有着密切联系的非物质文化遗产提出自己的思考和建议，该文客观公允，得到韩国同行的重视和好评。

◆5月25日，应邀到山西榆次文化艺术中心大剧院观看"左权之歌——5·25经典开花调演唱会"，参加演出的有左权籍著名歌手刘改鱼、石占明，左权小花戏表演艺术家李明珍，左权盲人宣传队等。26日上午，在山西省晋中学院进行学术讲座。

◆5月30日—6月2日，赴四川成都出席"第二届中国成都国际非物质文化遗产节"开幕式，其间参加"国际论坛"。本届遗产节由

观看"左权之歌——5·25经典开花调演唱会"后，上台致辞

中华人民共和国文化部、四川省人民政府和联合国教科文组织主办，成都市人民政府、四川省文化厅和中国非物质文化遗产保护中心承办，成都市文化局、金牛区人民政府协办，历时13天。

◆6月12日，在北京天桥剧场观看中国非物质文化遗产展演——少数民族传统音乐舞蹈专场演出，演出由文化部主办，中国非物质文化遗产保护中心承办，田青担任总策划。

◆6月30日上午，在中国艺术研究院参加2009届研究生毕业典礼。

◆7月1日，应邀到武汉观看武汉音乐学院东方中乐团在该院编钟音乐厅举办的首场演出，并参加音乐会后的首演座谈会。

◆7月5日下午，在中国艺术研究院参加2010年春节期间"少数民族文艺调演节目"筹备会议，会议由张庆善副院长主持。

◆7月，应浙江普陀山管委会的邀请，到普陀山考察观音文化"申遗"情况。在普陀山风景区管委会党委书记蒋宝华、管委会副主任周开龙的陪同下调研考察了普济寺、法雨寺、紫竹林、南海观音等古寺名庵和名胜古迹后，对普陀山景区的保护、建设、管理等现状表示赞赏，也对观音文化保护现状表示肯定。从中国传统文化角度出发，给普陀山提出了关于非物质文化遗产申请的可行性建议。

◆7月28日，在广东省珠海市应"珠海文化大讲堂"邀请，主讲《守望精神家园——中国非物质文化遗产保护的意义及现状》。

◆8月，出任"2009 CCTV全国民族器乐大赛"评委，并做点评人。

◆9月4日，随文化部副部长周和平访问台湾，与台湾文化界人士广泛接触，在佛光山访问期间受到佛光山开山宗长星云法师的热情接待。

◆9月6—9日，在河北省承德市参加"首届中国承德非物质文化遗产保护国际论坛"，论坛由中国艺术研究院、中国传媒大学、河北省文化厅、中共承德市委、承德市人民政府主办，田青在会上做有关非遗保护的报告。

◆9月11—13日，赴江苏省苏州市参加"非物质文化遗产生产性保护座谈会"暨"第三届中国非物质文化遗产保护·苏州论坛"。在会上做主题发言。苏州论坛始于2005年，是由文化部和江苏省人民政府主办，中国非物质文化遗产保护中心、江苏省文化厅、苏州市人民政府和吴中区人民政府共同承办的有关非物质文化遗产保护的高规格、大规模的学术会议。

◆9月12日上午，在浙江图书馆二楼报告厅演讲，题目为《勿忘祖先的歌——非物质文化遗产中的中国民族音乐》，此为《浙江人文大讲堂》第214期，讲座由浙江省社会科学界联合会、《钱江晚报》主办，由"浙江在线""浙江之声"、浙江电视台留学世界频道联办。

◆10月11日，在中国音乐学院参加由北京市教委和中国非物质文化遗产保护中心主办的"2009北京传统音乐节"开幕式。

◆10月11—12日，赴福建泉州参加"泉州南音"成功申报联合国教科文组织"人类口头和非物质遗产代表作"庆祝大会。9月30日在阿联酋首都阿布扎比举行的联合国教科文组织保护非物质文化遗产政府间委员会第四次会议，宣布泉州南音等中国22个项目入选联合国教科文组织《人类非物质文化遗产代表作名录》。泉州文化界人士真诚感谢田青在南音保护、传承以及申报联合国代表作项目中所做出的努力和贡献。

◆10月28日上午，在中国艺术研究院策划并主持《周吉纪念文集——木卡姆为你送行》首发式及周吉逝世周年追思会，该书由田青倡议并主编，文集由周吉的生前好友出资出版，文化艺术出版社出版发行，田青还为之作序。

◆11月7—23日，作为艺术顾问策划并率团赴台湾参加"守望精神家园——第一届两岸非物质文化遗产月"系列活动，包括"两岸非物质文化遗产大展""国风——中华非物质文化遗产专场演出""保护·传承·弘扬——两岸非物质文化遗产论坛"等，整个活动持续至12月下旬。本次活动由中华文化联谊会、财团法人沈春池文教基金会主办，中国非物质文化遗产保护中心承办，台北市文化局、台北县文化局、台中市文化局、台中县文化局和台北市乐团参与合作举办。这一活动是两岸开放交流以来规模最大、等级最高、持续时间最长的文化交流活动，在台湾产生巨大影响，在此之前，台湾沿用来自日本的"无形文化"一词，自此之后，"非物质文化遗产"的概念开始被台湾同行接受并被台湾民众所认知。

1. 在台湾参加"守望精神家园——第一届两岸非物质文化遗产月"活动期间，接受记者采访

2. 陪同文化部副部长赵少华等参观展览

1. 在台中的开幕式上，向观众致意

2. 向相关人员介绍展品"万工轿"

3. 与中国艺术研究院副院长王能宪在展演台前合影

◆12月，出任中国艺术研究院音乐研究所所长及《中国音乐学》杂志主编。

◆本年度袁瑾（延期一年）、林苗、张婷、巫宇军四位学生毕业；招收两名博士研究生郭耿甫（中国台湾）、巫宇军，一名硕士研究生赵洁，均为非物质文化遗产保护研究专业。

◆年度小结：
本年度重点工作仍为非物质文化遗产保护。利用自己政协委员的身份在"两会"上呼吁非遗保护，提出了多份政协提案，全部都与非遗保护相关；策划实施在澳门、台湾举办的大陆非遗展览、演出及论坛等活动，加强海峡两岸香港、澳门民众的文化交流与合作，促进祖国统一。他主张以开放的心态对待非物质文化遗产保护，对于韩国将江陵端午祭申报为联合国教科文组织宣布为人类口头和非物质遗产代表作一事，他认为这是中韩两国人民友好交往、互相影响的历史证明，中韩两国的不少非物质文化遗产项目都具有同源性、相似性甚至同一性，属于两国共享的非物质文化遗产，无论是中国申报的非物质文化遗产，还是韩国申报的非物质文化遗产，都是"人类"遗产，不仅属于中国或韩国，而且属于世界，属于全人类。因此要放下争端，抛弃偏见，携手合作，共同保护好人类的文明。此外，他还呼吁重视佛教文化遗产，指出："佛教文化作为中国传统文化的重要组成部分，对中华民族的民族性格、思维方式、行为方式、信仰追求、文化艺术及生活习俗等方面都产生了极其重大而深远的影响。佛教文化在精英文化层面上体现出的是佛法僧三宝，是佛教信仰、教理、经典、组织、制度，等等，而在佛教仪轨、绘画、书法、建筑、雕塑、音乐等形态中，则大量体现了具体的、种类繁多、各呈异彩的非物质文化遗产。""佛教的精英文化层面和草根文化层面两方面相互影响，相互渗透，共同构成了一个完整的佛教文化体系，今天我们提倡保护佛教非物质文化遗产，不仅仅是保护佛教的三宝、经典、制度、仪轨、艺术、寺院，等等，而且更要保护佛教民俗文化与民俗节庆，等等。"① 这些振聋发聩的观点无论对政策的制定者还是执行者而言，都是肺腑之言。

◆ 本年度著作：
主编《木卡姆为你送行——周吉纪念文集》并写序，文化艺术出版社。
《文化自觉与文化多样性》，《哈尔滨工业大学学报》（社会科学版）第3期。
《佛教文化是我国非物质文化遗产的重要组成部分》，《佛教文化》第2期。
《"非遗"：记录民族文化的鲜活化石》，《科学导报》10月19日。
《携手弘扬东方文化——从江陵端午祭申遗说起》，《人民日报》5月26日。
《端午节 说申遗》，《人民日报》（海外版）5月28日。
《从冲突到携手——中韩共同保护人类非物质文化遗产》，《中国文化报》5月8日。

---

① 田青：《佛教文化是我国非物质文化遗产的重要组成部分》，《佛教文化》2009年第2期。

2010

◆ 1月，发起并策划推出中国艺术研究院音乐研究所"惠新讲坛"系列学术活动。旨在提高音乐研究所科研人员的科研水平，提升音研所的凝聚力。本活动自1月21日起，每两周邀请本所全体在职人员及院外著名学者进行专题讲座。全所在职人员及研究生院的学生参加了系列论坛。通过学术讲座的形式带动科研，营造出一种积极、向上的学术氛围。田青作为第一讲的主讲人，以自身的经历和体会系统总结了音乐研究所的学术传统，希望所里的年青一代能够继承杨荫浏、李元庆、黄翔鹏等老一代学者的优良传统，为祖国的音乐事业贡献力量。

◆ 3月3—13日，出席全国政协十一届三次会议并列席全国人大十一届三次会议，提出两份政协提案：1.加强非物质文化遗产保护的财政投入力度；2.加强保护西藏萨迦寺非物质文化遗产，促进民族和谐。

◆ 3月5日，根据民政部年检提出的整改要求，中国昆剧古琴研究会原会长丛兆桓先生因超龄退任，选举田青继任会长。

◆ 3月，策划并主持《李元庆纪念文集》首发式及座谈会。3月27日，由音乐研究所和文化艺术出版社主办的《李元庆纪念文集》首发式及座谈会在中国艺术研究院举行。到会的有中国文学艺术界联合会名誉主席周巍峙，中国艺术研究院副院长刘茜，世界孔子后裔宗亲联谊会会长孔德墉，李元庆生前好友、亲属，音乐研究所的在职人员、离退休同志及音乐界、文化界人士。《李元庆纪念文集》收集了李元庆的全部文论，真实记录了李元庆的工作、生活、业绩和为研究音乐研究所的历史、中国近现代音乐史，特别是民族音乐理论研究的历史提供了翔实而有价值的资料，必将产生深远的社会影响。《李元庆纪念文集》由孔德墉资助出版，由刘东升、张振涛编辑，刘晓辉负责图片编辑，王红为责任编辑。

2010年4—5月，
在"青歌赛"上
做点评

◆ 4—5月，担任中央电视台"第十四届全国青年歌手大奖赛"评委及原生态组组长。

◆ 4月11日，在中国艺术研究院主持召开"生命为鼓乐燃烧——《西安鼓乐全书》出版座谈会"，座谈会由中国艺术研究院音乐研究所与西安音乐学院、文化艺术出版社共同主办。出席会议的还有中国艺术研究院副院长刘茜、西安音乐学院党委书记安宁、西安音乐学院副院长罗艺峰、文化艺术出版社社长张子康及总编辑查振科等。

◆ 5月，策划举办"星云大师一笔字书法展"。5月9—16日，中国艺术研究院、中国美术馆与台湾佛光山文教基金会共同主办，台湾佛光缘美术馆承办的"星云大师一笔字书法展"在中国美术馆举行。展览共展出星云大师的书法近作140余件，这也是星云大师首次在北京举办个人书法作品展。田青是该展览的策展人和展览画册的主编。10日下午，出席书法展新闻发布会。

◆ 5月11日下午，策划并邀请台湾佛光山星云大师来中国艺术研究院讲座，题目为"中华传统文化与和谐社会"，此为星云大师首次在北京公开讲演。演讲原题为"佛教与和谐社会"，因有关方面提出意见，田青遂紧急请见文化部部长蔡武，经协商更改为此题目。

1. 在中国美术馆出席"星云大师一笔字书法展"新闻发布会

2. 在中国美术馆"星云大师一笔字书法展"开幕式前，与星云大师、时任宗教局长叶小文合影

3、4. 在中国艺术研究院主持星云大师在北京的首次公开演讲——《中华传统文化与和谐社会》

◆6月3日下午，在上海音乐学院主讲《"非遗"与"原生态"——一个音乐学家的社会责任》，由韩锺恩主持。

◆6月，作为中国昆剧古琴研究会会长策划并具体实施"把遗产交给未来——古琴名家名曲进百校"大型系列活动。为迎接6月12日第五个文化遗产日，6月4—17日，文化部非物质文化遗产司、中国非物质文化遗产保护中心与中国昆剧古琴研究会联合，共同在首都多所高校及重庆、天津等地的中小学校举办了"把遗产交给未来——古琴名家名曲进百校"大型系列活动。本次活动共由"播种童心——让孩子认识遗产"、北京高校古琴社团巡演活动和文化遗产日期间名家名曲专场演出三大部分组成。专场演出包括老中青三代古琴艺术家联袂的开幕式演出、"泰山北斗映蓝天"古琴大师专场、中青年古琴艺术家专场和"在琴声中相遇——古琴大师与学子对话"，分别在中国人民大学、北京大学、清华大学、中国音乐学院以及中国传媒大学等地举行。本次活动受到了包括中央电视台在内的国内外很多媒体的关注。6月12日文化遗产日当天，中央电视台《新闻联播》播报了本次活动的简讯，6月10日开幕式演出当天，中央电视台《晚间新闻》也对当晚的演出活动予以报道。此外，新华社、《人民日报》《光明日报》、北京电视台《特别关注》栏目、新浪网、《中国文化报》《文艺报》、中国共青团网、重庆晚报等诸多媒体都对本次活动予以重点报道。

◆6月，被国家图书馆聘为"国情咨询专家"，聘期为2010年6月10—2013年6月10日。

◆7月5日，在中国音乐学院演讲，题目为《古琴的人文精神》。

◆7月7日下午，主持召开中国艺术研究院音乐研究所课题申报初审会议。

◆8月，策划并主持《琴曲集成》首发式活动。8月19日，由中国艺术研究院和中国出版集团的中华书局联合主办的"人类非物质文化遗产代表作保护重大成果——30卷本《琴曲集成》首发式"在中国艺术研究院召开。中国对外友好协会会长陈昊苏，文化部副部长、中国艺术研究院院长王文章，新闻出版总署副署长邬书林，中国出版集团总裁聂震宁，中华书局总经理李岩，北京古琴研究会会长吴钊，中国艺术研究院副院长、党委书记张庆善，著名作家莫言，著名学者刘祯、丁亚平，著名琴家李凤云、郑珉中、林友仁、余青欣等出席了会议。《琴曲集成》的编纂始自20世纪50年代，1960年商定由中华书局出版，经历了整整50年才全部出齐。

◆ 9月，参与策划"首届两岸汉字艺术节"。艺术节于9月16日在北京太庙开幕，由中华文化联谊会、中国艺术研究院、河南省安阳市政府及台湾"文化总会"联合主办，中国艺术研究推广中心、台湾中华新文化发展协会共同承办。主题为"汉字艺术，源远流长"。本届艺术节持续一个月，举办了五场风格迥异的主题展览以及一系列推广活动。其间，田青与世界汉学教育学会会长、著名语言文字学家许嘉璐，台湾文化总会副会长、文化学者林谷芳，台湾艺术大学校长、著名学者黄光男等就两岸文化传统进行对话。

◆ 10月，策划并具体实施"高山流水——古琴艺术展"。本次活动由中国艺术研究院与国家大剧院、故宫博物院共同主办，北京非物质文化遗产保护中心、北京钧天坊古琴文化艺术传播有限公司协办，展览时间为10月18日—12月1日。展览包括琴史、琴器、琴谱、琴人、斫琴工艺、文人场景六大板块，以文字、图片说明、多媒体演示以及唐代"太古遗音"琴、宋代"朱晦翁藏仲尼式"琴、明代"霜钟"琴等珍贵古琴实物展出的形式，为观众展示博大精深的中国古琴文化。展览期间，还开展了一系列古琴演出、讲座等艺术教育活动。

◆ 10月，主持的中国艺术研究院重大课题"宗教类国家级非物质文化遗产的现状与保护研究"获得立项。

◆ 10月16—17日，在厦门参加"'四海同歌'海峡两岸YMCA（基督教青年会）联合音乐会"及"YMCA音乐事工研讨座谈会"，并作为主讲嘉宾在座谈会上做了题为"音乐义工的先驱与楷模——杨荫浏"的主题发言。音乐会及座谈会由厦门基督教青年会主办，自2007年起开始举办。

◆ 10月19—24日，赴上海参加"第三届中欧文化对话"活动。此次活动由中国艺术研究院、欧盟文化中心合作组织、上海世博会事务协调局共同主办，上海戏剧学院、中国美术学院承办。

◆ 10月28—31日，在云南省昆明市出席由中国艺术研究院主办，云南省委宣传部承办的"唱响中国——群众最喜爱的新创作歌曲征集评选活动华中、西南地区创作推动会"。

◆ 11月，策划组织"夏荆山佛教绘画艺术研讨会"。研讨会于11月14日在北京"荆山画院"举办。

◆ 11月24—26日，赴江苏徐州中国矿业大学参加"2010音乐类非物质文化遗产保护学术研讨会"。该研讨会是教育部人文社科基地重大项目"音乐类非物质文化遗产保护的理论与实践研究"第二次工作会议。

◆ 12月1—2日，在陕西西安唐华宾馆为"西部省份国家级非物质文化遗产名录项目申报工作培训班"授课。2日，在陕西省艺术馆馆长洪济龙先生的陪同下参访法门寺及佛学院，下午，应贤空法师之邀，在法门寺佛学院为师生做了《佛教要重视弘法工作》的演讲。

◆ 12月6—8日，赴新加坡参加"21世纪中华文化世界论坛"第六届（海外首届）国际学术研讨会。本届论坛由中华炎黄文化研究会、炎黄国际文化协会、新加坡国立大学中文系联合主办，中国东南亚研究会、北京大学东南亚学研究中心、北京大学历史文化研究所、新加坡华裔馆、新加坡儒学会、新加坡南洋学会、新加坡炎黄文化研究会共同协办。

◆ 12月17日晚,在东南大学人文讲座报告厅主讲《非物质文化遗产保护与文化自觉》,该讲座为"庆祝东南大学建校110周年系列人文名家高层演讲"之十三,由新鸿基郭氏基金会、中华文化学院、东南大学主办,东南大学文化素质教育中心承办。

◆ 12月底,陪同南京云锦研究所所长王宝林、南京云锦博物馆馆长张玉英一起赴台,将南京云锦研究所历时一年多织成的"云锦袈裟"赠送给台湾佛光山佛陀纪念馆收藏。12月31日晚,捐赠仪式在台湾佛光山如来殿四楼集会堂举行。此袈裟作为镇馆之宝,供奉于佛陀纪念馆天宫第一层。

在厦门参加YMCA音乐事工研讨座谈会时做主题发言

1. 在新加坡参加"21世纪中华文化世界论坛"第六届（海外首届）国际学术研讨会期间，与中国艺术研究院同事合影。左起：田青、王能宪、曲润海、刘文峰

2. 在陕西西安为"西部省份国家级非物质文化遗产名录项目申报工作培训班"授课

1

2

◆本年度还多次参加全国政协民族与宗教委员会组织的各种调研活动。

◆本年度宋本蓉、张晓雪两位学生毕业；招收一名博士研究生：朱明清，三名硕士研究生：王辉、池玉玺、程澄，其中王辉为音乐学专业，其余均为非物质文化遗产保护研究专业。

◆年度小结：

> 本年度主要工作仍为非物质文化遗产保护，因其担任中国昆剧古琴研究会会长一职，所以重点推广昆曲艺术和古琴艺术。自本年起，开始在每年6月份文化遗产日期间举办"把遗产交给未来——名家名曲进校园大型系列活动"，在大中小学中推广、宣传古琴和昆曲艺术，社会反响很大。尤其是"泰山北斗映蓝天——古琴名家名曲展演"活动，所请均为国内第一流琴家，可谓"名家荟萃"，无论在哪个剧场演出，都场场爆满，此亦成为中国昆剧古琴研究会的一个著名品牌，是每年遗产日系列演出的保留节目。另一项工作是关注宗教类非物质文化遗产的传承与保护，课题《宗教类国家级非物质文化遗产的现状与保护研究》获得立项。此外还策划了"星云大师一笔字书法展"在京首展，加强了两岸佛教文化的交流。出版专著《捡起金叶》，该书是其关于非物质文化遗产保护的论文集，汇集了其关于非物质文化遗产保护的主要理论，是理解田青非遗保护思想的重要著作。《我们拥有足够的"文化自觉"吗？》《中国非物质文化遗产保护的"瓶颈"》等文章则关注文化自觉的问题，文化自觉是进行非物质文化遗产保护的前提条件，现代化不能够以中断历史、丢掉文化传统为代价。他深感忧虑地提出："妨碍我国非物质文化遗产保护工作深入与落实的'瓶颈'，本质是我国社会'文化自觉'的程度不够，还远远没有成为整个民族的基本价值观，没有产生一种不保护非物质文化遗产，我们的民族文化就会消亡的危机感。"[①]

[①] 田青：《我们拥有足够的"文化自觉"吗？》，《中国文化报》2010年2月22日。

◆ 本年度著作：

主编2010年度《中国音乐学》，共4期。

专著《捡起金叶——田青"非物质""原生态"文论集》，文化艺术出版社。

《中国人需要尚武精神》，《东方养生》第9期。

《琴心与佛心》，《中国文化》第1期。

《我们拥有足够的"文化自觉"吗》，《中国文化报》2月22日。

《非物质文化遗产保护中的田野考察工作》，《南阳师范学院学报》第2期。

《百期话"百"》，《中国音乐学》第3期。

《杨荫浏全集·序》，《中国音乐学》第2期。

《中国非物质文化遗产保护的现状与未来》，《解放日报》9月26日。

《再现神话的"神话"》，《中国文化报》10月1日；

《古琴的人文精神——2010年7月5日在中国音乐学院的讲演》，《中国音乐学》第4期。

《作为人类非物质文化遗产的书法以及书法教育——田青谈书法教育与国民文化素养》，《美术观察》第6期。

《文化自觉与文化多样性》，《电影评介》第13期。

《资华筠：从舞者到学者的升华》，《中国文化报》12月16日。

《"飞龙在天"与"奉天时"》，《中国文化报》12月30日。

2011

◆1月15日,中国艺术研究院宗教艺术研究中心主办的"中国宗教类非物质文化遗产保护现状与对策学术研讨会"在北京西藏大厦昌都会议厅举行。田青策划并主持会议。文化部非物质文化遗产司马文辉司长和中国艺术研究院院长助理、中国非物质文化遗产保护中心副主任吕品田先生出席了会议。方立天、李家振、祁庆富、朝戈金、乌丙安、张总、黄信阳、罗微、张兵、卢浔、释永悟、樊祖荫、张振涛、薛艺兵、项阳等来自中国社会科学院、中国人民大学、中央民族大学、中国艺术研究院、辽宁大学、中国音乐学院、中国道教协会、中国佛教协会、凤凰网、中央民族乐团、北京白云观、山东东阿鱼山梵呗寺等单位的20余位专家学者参加。这是我国第一次集合佛教、道教领袖人物与著名专家学者共同研讨宗教类非物质文化遗产保护、传承的专题会议,与会人员一致认为通过将我国有着悠久历史、深远影响的宗教类非物质文化遗产申报国家级非物质文化遗产项目工作,可以极大提高宗教界人士对保护文化遗产的认识,改变以往社会上存在的对宗教文化的错误认识,促进我国传统文化的传承和弘扬。

"中国宗教类非物质文化遗产保护现状与对策学术研讨会"现场

◆1月13日—1月底，作为复评评委，在中央电视台参加由音乐研究所参与的"唱响中国——群众最喜爱的新创作歌曲"评选活动。

◆3月3—14日，出席全国政协十一届四次会议并列席全国人大十一届四次会议。

◆3月8日，在中国艺术研究院为第三届全国舞蹈大师班暨"优秀民族民间舞蹈文化的当代传承与发展"高级研修班学员授课，该研修班由中国舞蹈家协会主办，中国舞蹈杂志社承办，中国艺术研究院舞蹈研究所协办。

◆4月16日下午，在江苏扬州鉴真图书馆做客"扬州讲坛"，主讲《非物质文化遗产保护视野下的佛教文化》。

◆5月，由中央电视台、中国音乐家协会、中央人民广播电台、中国艺术研究院主办的"唱响中国——群众最喜爱的新创作歌曲"征集评选活动，从2010年7月中旬启动以来，经过半年多的征集与初评，进入终评推介阶段。中宣部、文化部等4家主办单位有关领导和来自北京的30多位知名作曲家、词作家、音乐学家出席会议。最终评选出10首获奖作品，向中国共产党建党90周年献礼。

◆5月5日，在北京出席"唱响中国——歌曲新作研讨会"，会议由中国艺术研究院主办，中国艺术研究院音乐研究所承办。

◆5月9日，在北京国家大剧院出席"昆剧之路——中国昆曲艺术列入联合国教科文组织'人类口头和非物质遗产代表作'10周年纪念大会"。

◆5月15—21日，赴江苏苏州、常熟等地，先后参加在昆山举行的"昆曲韵、故乡情——中国昆曲艺术列入人类非物质遗产代表作10周年纪念活动"、首届太湖文化论坛和在常熟举行的"第三届中国古琴节"。5月16日上午，在昆山"昆曲韵故乡情——中国昆曲艺术列入人类非物质遗产代表作10周年纪念活动"开幕式上，代表文化部及中国非物质文化遗产保护中心致辞。5月20日上午拜见顾笃璜先生，晚上在吴江太湖大学堂拜访南怀瑾先生。

◆ 5月28日上午，在四川成都金沙讲坛主讲《传统文化：传承还是发展》。金沙论坛是中共成都市委宣传部主办的大型公益性文化讲坛。

◆ 6月，跟随中华文化联谊会会长、文化部副部长赵少华一起赴台湾台北故宫博物院参加"山水合璧——黄公望与富春山居图特展"，并在台中与专程赶来的佛光山开山星云大师会面。该展由浙江省博物馆与台北故宫博物院促成，得以使台北故宫博物院珍藏的《富春山居图》及浙江省博物馆所藏《剩山图》于分离360年后首度合璧展览。

◆ 6月，参与策划纪念第六个"文化遗产日"主题活动。此次活动由中华人民共和国文化部主办、中国非物质文化遗产保护中心承办，于6月10日上午在中华世纪坛拉开帷幕，全国人大常委会副委员长路甬祥，人大教科文卫委员会副主任委员李树文，文化部副部长、中国艺术研究院院长、中国非物质文化遗产保护中心主任王文章等出席了开幕仪式。本次活动包括"依法保护，重在传承——《中华人民共和国非物质文化遗产法》宣传展""薪火相传——中国非物质文化遗产传承人师徒同台展演"和"我们的精神家园——2011中国非物质文化遗产摄影大展"三个部分，其中"薪火相传——中国非物质文化遗产传承人师徒同台展演"主要由田青策划并负责具体实施。以图文并茂、现场表演和展示的方式，生动地体现了非物质文化遗产保护"重在传承"的工作目标和实践成果。参展项目涉及国家级非物质文化遗产名录中的传统音乐、传统舞蹈、传统戏剧、曲艺、传统体育、游艺与杂技、传统美术、传统技艺、传统医药和民俗9个类别，共41项，涉及160余件展品。来自北京、山西、辽宁、四川、贵州、云南、青海等25个省(区、市)的各级非物质文化遗产项目代表性传承人携徒晋京,同台献艺,使观众近距离欣赏代表性传承人的绝妙技艺,感受中华文化的丰富内涵,并集中体现了非物质文化遗产这一活态遗产以人为载体、重在传承的特点。

◆6月,策划并组织实施"把遗产交给未来"大型演出活动。2011年是昆曲被联合国教科文组织宣布为世界首批"人类口头和非物质遗产代表作"10周年,又恰逢苏州昆剧传习所成立90周年,为庆祝昆曲界这两大盛事,文化部非物质文化遗产司、中国非物质文化遗产保护中心与中国昆剧古琴研究会联合,由中国昆剧古琴研究会策划实施,于6月18日、19日,苏州昆剧传习所教师剧团分别在北京恭王府大戏楼和中山音乐堂演绎传统昆曲。6月18日在恭王府大戏楼演出邀请"传"字辈老艺术家演绎昆曲传统折子戏《双珠记·卖子》《燕子笺·狗洞》《西楼记·楼会》,6月19日在中山音乐堂演出传统昆曲叠头戏《牡丹亭》上本,83岁的顾笃璜先生再度出山,亲力执导此次"青松版"《牡丹亭》演出,杜丽娘由"传"字辈艺人高徒马瑶瑶倾情饰演。

◆6月,参与策划并实施"根与魂·中国非物质文化遗产展演"活动。为纪念我国第六个"文化遗产日"和《中华人民共和国非物质文化遗产法》的实施,在中华人民共和国文化部和澳门、香港特别行政区政府的大力支持下,由中国艺术研究院——中国非物质文化遗产保护中心和澳门、香港特别行政区政府文化局共同策划和组织了"根与魂·中国非物质文化遗产展演"活动。此次活动分别在澳门与香港举办,澳门活动分为展览和演出两个部分,展览于6月11日—7月10日在澳门综艺馆举行,集中展示我国丰富多彩的非物质文化遗产,并介绍了我国近几年非遗保护工作的成绩。演出于6月11—12日在澳门标志性建筑大三巴牌坊连续上演两场。香港活动包括展览、演出和研讨会三个部分,于10月8—27日举行。文化部部长蔡武、外交部驻港特派员公署副特派员高玉琛、香港特区政府民政事务局局长曾德成等出席了开幕典礼,并为展演剪彩。展览部分于10月9—27日在香港中央图书馆展览馆举行。演出部分于10月11日和12日晚间在香港大会堂举行。田青除担任本次活动的艺术指导和主持外,还作为专家参加了学术研讨会,作主旨演讲。

1. 和参加"根与魂·中国非物质文化遗产展演"的演员们在一起

2. 陪同文化部副部长赵少华等领导在"大三巴"牌坊前观看演出

1. 在"根与魂·中国非物质文化遗产展演"结束后的答谢晚宴上致辞

2. 和李怀秀在一起

3. 观看布展情况

1. 澳门展览展厅布置

2. 毕业典礼后，和博士毕业生姚慧合影

◆ 7月11日，出席中国艺术研究院毕业典礼。

◆ 7月23日下午，应邀到北京798映艺术中心／映画廊出席"巧智慧心：在书法禅语摄影中走近大师——情牵真源华山王纪言摄影艺术展"开幕式。本次展览由华山风景名胜区管理委员会、中国艺术摄影学会、中国文化促进会联合主办，深圳市新翔广告印务有限公司、798映艺术中心承办，深圳企业家摄影协会协办。共展出作品108张，展出的作品由摄影、书法和禅语三部分组成。整个展览由星云大师及凤凰卫视副台长王纪言先生共同创作完成，展出的照片均由王纪言拍摄。

◆9月，组织召开中国昆剧古琴研究会第三届会员代表大会。此次活动由中国昆剧古琴研究会举办，于9月18日在北京西藏大厦圆满召开。全国昆曲及古琴界60多名代表出席会议，会议推选出中国昆剧古琴研究会新一届顾问和理事如下：

顾问名单（按照姓氏拼音顺序）

白先勇　顾泽长　刘赤城　曲润海　吴　钊　张石泉　蔡正仁
郭汉城　刘厚生　荣鸿曾　吴新雷　郑珉中　陈长林　洪惟助
刘正春　沈达人　谢导秀　周华斌　董　伟　李蔷华　楼宇烈
沈祖安　辛清华　周育德　付晓航　李淑君　洛　地　孙崇涛
许　健　朱永新　龚　一　李祥霆　马文辉　汪　铎　许凤山
顾笃璜　廖　奔　钱　璎　王安葵　叶名佩　顾铁华　林友仁
钱法成　吴　江　曾永义

昆剧专业理事名单（按照姓氏拼音顺序）

卞　景　蔡安安　蔡少华　蔡欣欣　曹　颖　范正明　方家骥
傅　瑾　顾聆森　顾兆琳　郭　宇　侯少奎　胡锦芳　华　玮
黄光利　黄小午　计镇华　柯　军　雷子文　李鸿良　梁谷音
林继凡　林为林　刘　静　刘　祯　刘宏庆　刘文华　刘异龙
路应昆　吕育忠　罗　艳　马瑶瑶　欧阳启名　钱保纲
沙江白尼　沙沙白尼　沈　斌　石小梅　史　建　史红梅　孙立善
汪世瑜　汪小丹　王　芳　王　馗　王奉梅　王世瑶　王世英
吴婷婷　杨凤一　杨晓勇　姚继荪　尹建民　余茂盛　岳美缇
张　烈　张富光　张继青　张静娴　张铭荣　张世铮　张卫东
张洵澎　周　龙　郭腊梅　周洛夫　周世琮　周世瑞　周志刚

古琴专业理事名单（按照姓氏拼音顺序）

安东尼（澳大利亚）　蔡灿煌（港）　陈成渤　陈熙理　成公亮
戴　薇　戴树红　戴晓莲　邓　红　丁纪元　高培芬　何明威

黄　梅　黄树志（加）　贾瑀铉（韩）　金　蔚　李　村
李　枫（台）　李凤云　李孔元（台）　李明忠　李仲唐
梁迪嘉（澳）　林　晨　凌瑞兰　刘　扬　刘楚华（港）　刘善教
马　杰　马维衡　茅　毅　倪诗韵　裴金宝　乔　珊
苏思棣（港）　孙贵生　孙庆堂　孙于涵（台）　唐世璋（美）
陶　艺　王　凤　王　鹏　王　菲（美）　王海燕（台）
王永昌　卫家理　巫　娜　吴　叶　谢俊仁（港）　徐　毅
徐　永　徐君跃　徐晓英　杨春薇　杨璐萌　杨秋悦
杨元铮（港）　姚公白　姚公敬　叶明媚（美）　余青欣
俞伯荪　袁　华　曾成伟　张建华　张清治（台）　张子盛
赵　烨　赵家珍　赵晓霞　郑云飞　朱　睎　朱默涵

◆9月，在台湾参加"2011两岸汉字艺术节"，并与台湾著名评论家林谷芳进行"名家对谈"。"2011两岸汉字艺术节"从9月23日起陆续在台北故宫博物院、历史博物馆、孙中山纪念馆以及台北华山文创园区展开。田青在这次公开举行的"对话"中，就台湾朋友提出的"大陆推行简化字是破坏中华传统文化"的言论进行了有理有据的针对性发言，向台湾民众讲解了简化字的来源与简化字运动的历史，消除了台湾民众长期对大陆的误解，发言后经整理，形成文章《简体字是我国古代文字遗产的延续》。

◆10月15日，出席"2011北京·中国民俗艺术国际论坛"，该论坛于10月15—16日在北京航空航天大学召开，由北京航空航天大学主办，北航新媒体艺术与设计学院承办。田青与中国国家画院研究员、凤凰卫视主持人王鲁湘先生联袂担任论坛学术主持人，并在论坛上做主题演讲《中国非物质遗产保护工作的成就与困难》。

◆10月26—28日，赴丹麦卢森堡参加第四届中欧文化对话。此次活动由中国艺术研究院、欧盟文化中心合作组织主办，在卢森堡新明斯特修道院文化中心举办。卢森堡荣誉首相雅克·森德出席开幕式。卢森堡文化部部长莫德特、中国艺术研究院副院长王能宪、在"两岸汉字艺术节"上与林谷芳进行"名家对谈"

欧盟文化中心合作组织副主席拉加斯、卢森堡新明斯特修道院文化中心主席多肯多夫出席会议并致辞，田青向欧洲朋友介绍了我国非物质文化遗产保护工作的经验。

◆ 11月5—6日，赴江苏省苏州市参加"第三届中国非物质文化遗产东吴论坛"。

◆ 11月15日，赴广东省广州市，在星海音乐学院会议中心参加"莫道桑榆晚 为霞尚满天——庆祝赵宋光教授80华诞暨学术研讨会"。本次活动由星海音乐学院与中国音乐学院共同主办。

◆ 11月，策划组织在台湾举办的"守望精神家园——第二届两岸非物质文化遗产月系列活动"。本届非遗月由中华文化联谊会、湖南省人民政府与威京集团·财团法人沈春池文教基金会共同主办，湖南省文化厅承办，主要以湖南省非物质文化遗产为主题，从2011年11月26日至2012年2月18日，连续在台北市、新竹县、台中、台南市、高雄市举办"楚风湘韵——湖南民艺民风民俗特展""楚风湘韵——两岸民间乐舞专场演出""保护·传承·弘扬——两岸非物质文化遗产论坛"等活动,充分展示独具特色的湖南民俗民间文化和非遗保护工作的成果。

1. 在台湾主持"楚风湘韵——湖南民艺、民风、民俗特展"

2. "楚风湘韵——两岸民间乐舞专场演出"现场

1. 参观艺人的现场演示
2. 在研讨会上发言

◆ 11月，策划在香港举办的"中国非物质文化遗产保护成果展"。

◆ 主持全国教育科学规划教育部课题"非物质文化遗产校园传承研究"。

◆ 本年度姚慧、谢忠军、张雯影三名学生毕业；招收两名博士研究生李自浩、李致伟，两名硕士研究生王博颖、李嘉宝，李自浩、李嘉宝为音乐学专业，李致伟、王博颖为非物质文化遗产保护研究专业。

◆年度小结：

1. 重视宗教类非物质文化遗产保护问题。年初组织召开的宗教类非物质文化遗产研讨会，乃是我国第一次召开此类会议，有关宗教类非物质文化遗产的概念也是由田青提倡的，他多次强调"宗教是文化"，呼吁要用谨慎的态度对待宗教，"我们应该从政策上有所进步，对我们的传统文化有一个重新认识和重新定位。包括和宗教有关的这些文化，包括佛教、道家很多法事里面的音乐，包括现在还在民间残存的一些丧礼上吹奏的这些民俗音乐，它们是和信仰与宗教有关，也都是我们今天统统应该保护起来的传统文化，至少我们不应该让这些遗产在我们这一代中断"①。

2. 组织、参与各种有关非遗的实践活动。本年度最为主要的活动主要有四项：一是遗产日期间，策划"把遗产交给未来"昆曲展演活动，以纪念昆曲申遗十周年，同时对青年喊出了"昆曲等了你六百年，不在乎再等你三十年"的召唤②；二是参与策划并实施在香港、澳门举办的"根与魂·中国非物质文化遗产展演"活动；三是参与策划并实施台湾举办的"望精神家园——第二届两岸非物质文化遗产月"系列活动；四是参加两岸汉字艺术节，与台湾学者进行文化对话。这些大型活动集中从多个方面展示了中国传统文化的风采，提高了民族自信心与自豪感，同时也加强了海峡两岸及香港、澳门民众的交流与合作。尤其是"文化"统战方面，他一直站在最前端。田青对台湾感情深厚，从1998年第一次到台湾讲学起，此后一直致力于"文化"统战，成为两岸文化交流的使者，多次在两岸间组织策划大型文化活动，利用一切机会对台湾民众宣传两岸民众"同根同源"，血脉相连。

3. 谨记知识分子的社会责任，将理论反馈于社会实践。他说："做学问追求的到底是什么？目的是什么？宋儒所谓'为天地立心，为生民立命，为往圣继绝学，为万世开太平'，话说得太大，

---

① 《田青：宗教文化、民间信俗与非物质文化遗产的关系》，《南方周末》2011年6月9日。
② 田青：《昆曲等你六百年》，《艺术评论》2011年第6期。

一般人都做不到。但是毕竟中国历代知识分子把民族看得比家庭重，家庭比自己重。这是中华民族的道德标准。任何时候，面对民族大业，面对关系到许多人尤其是普通老百姓命运的时候，哪个才更重要？这一点，是一个音乐学家始终应该记住的一个道德标准。"① 把所思、所想跟社会贴近，并回馈于社会，这是其做学问所追求的最终目标。

4. 佛教音乐论文集《佛教音乐的华化》在台湾出版，承接《净土天音》，是其佛教音乐理论研究的又一重要结集。

◆ 本年度著作：

专著《禅与乐》，文化艺术出版社。
专著《佛教音乐的华化》（上、下卷），台湾佛光文化出版有限公司。
主编2011年度《中国音乐学》，共4期。
《一个音乐学家的社会责任》，《人民政协报》5月9日。
《一个音乐学家的社会责任——2010年6月3日在上海音乐学院的讲演》，《中国音乐学》第4期。
《昆曲等你六百年》，《艺术评论》第6期。
《田青：宗教文化、民间信俗与非物质文化遗产的关系》，《南方周末》6月9日。
《非遗保护中的民俗文化》，《人民日报》6月10日。
《文化自觉与非遗保护》，《中国文化报》6月10日。
《传承文化遗产需要全社会共同努力》，《经济日报》7月10日。
《保守与创新》，《人民政协报》11月28日。

---

① 田青：《一个音乐学家的社会责任——2010年6月3日在上海音乐学院的讲演》，《中国音乐学》2011年第4期。

2012

◆ 1月7—8日,在北京大学英杰交流中心,出席第九届中国文化产业新年论坛,参加主题论坛二:"文化重生:非物质文化遗产的保护与活化",并发表主题演讲《保护为主、抢救第一的政策不能变》。论坛由北京大学主办、北京大学文化产业研究院(国家文化产业创新与发展研究基地)承办。

◆ 2月25日上午,在新闻出版总署多功能厅做了题为《守望精神家园》的报告,此次讲座为中央国家机关"强素质 作表率"读书活动主题讲坛2012年第二讲(总第三十四讲)。新闻出版总署党组副书记、副署长蒋建国,新闻出版总署党组成员、直属机关党委书记、副署长孙寿山,中央国家机关工委委员、宣传部部长刘涛,中央国家机关工委宣传部副部长赵建国,总署机关党委常务副书记孙文科等同志出席讲坛。

在新闻出版总署做题为《守望精神家园》的报告

1. 在新闻出版总署做报告后，同与会人员合影

2. 报告会后，为听众在其著作《捡起金叶》上签名

1

2

◆ 3月3—13日，出席全国政协十一届五次会议并列席全国人大十一届五次会议。

◆ 4月7日，65岁生日当天，带领学生一行20多人，参访北京龙泉寺。

◆ 5月9—10日，在浙江省宁波市七塔禅寺参加"海上禅、茶、乐活动"，同时造访海宁十里红妆博物馆。

◆ 5月11日下午，应浙江省宁波市佛教协会邀请，在宁波市新舟宾馆举办"《禅与乐》主题讲座"，讲座由宁波市佛教协会会长诚信法师主持。宁波市民族宗教局副局长顾卫卫女士、宁波市佛教协会副会长可祥法师、慈溪市佛协会长宗立法师等到场参加。

◆ 6月，策划并负责实施"良辰美景·恭王府2012年非遗演出季"大型演出活动。6月9日是中国第7个文化遗产日，为了充分体现"文化遗产与文化繁荣"的大主题，中国昆剧古琴研究会与恭王府共同主办了"良辰美景·恭王府2012年非遗演出季"大型昆曲演出活动。此次活动自6月10—14日共演出5场，邀请了北方昆曲剧院、湖南省昆剧团和北京昆曲研习社三家单位，向首都观众展现了南北方昆曲的不同魅力，此次演出受到了包括搜狐、新浪在内的多家媒体的关注。

◆ 6月10日下午，在中国国家图书馆报告厅进行主题演讲，题目为《找回祖先的声音——中国民歌与非物质文化遗产保护》，以中国民歌形式的丰富性和歌者情感表达的独特性，提出对文化自尊、文化自觉和文化多样性的思考。此次讲座属于由文化部主办、中国非物质文化遗产保护中心和中国国家图书馆承办的"非物质文化遗产保护讲座周"讲座，讲座于6月9日正式启动，讲座周围绕"活态传承，重在落实"的主题，在国家图书馆连续举办10场专题讲座。

◆6月29日，赴江苏省昆山市参加"第五届中国昆剧艺术节""第五届中国苏州评弹艺术节"和"第六届中国昆曲国际学术研讨会"。本次活动由文化部与江苏省政府联合主办，从6月29日延续到7月7日。其间举行了"中国非物质文化遗产保护·苏州论坛""昆曲国际学术研讨会""虎丘曲会""名家传戏——当代昆曲名家收徒传艺工程启动仪式""昆曲百种·名家说戏收藏仪式"、《中国昆曲年鉴2012》发行仪式等10多项主题活动。

◆8月25日，应山东省委省直机关工委邀请，在山东济南为山东省省直机关领导干部做《守望精神家园——我国非物质文化遗产保护的背景和现状》主题报告。

在土耳其伊斯坦布尔市参加"2012中国·土耳其伊斯兰文化展演"活动

◆ 8月29日—9月8日，赴土耳其伊斯坦布尔市参加"2012中国·土耳其伊斯兰文化展演"活动，担任展演团艺术总监。2012年是土耳其的中国文化年，本次展演活动由中国国家宗教事务局与土耳其宗教事务局联合主办、土耳其宗教事务局和中国伊斯兰教协会共同承办，主题为"和平友谊、团结进步、共创未来"。展演活动于8月31日—9月7日在土耳其历史文化名城伊斯坦布尔举行，为期8天。中国派出由中国宗教代表团、展演团和观摩团组成的100余名人员参加此次展演活动。

◆ 9月11日，赴上海音乐学院参加上海音乐学院音乐学系建系30周年庆典，做主题演讲《一个音乐学家的社会责任》，以亲身经历告诫青年学生要有家国情怀，把自己的专业学习、人生之路和国家的发展、民族的命运结合起来，引起广大学生的强烈共鸣。

◆ 9月18日，在中国艺术研究院研究生院为新入校研究生讲课，题目为《我的反省与思考——与青年学子谈学术之路》，以自己的经验教训为青年学子上了一堂新课，告诫学生要把自己的学术研究与社会现实结合起来，要重视实践，并将自己所学运用于实践。

◆ 9月28日，在中国国家图书馆文津阁为"国图公开课"主讲《禅与乐——中国传统音乐与非物质文化遗产》。特邀古琴家余青欣现场演奏她打谱的琴曲《那罗法曲》，曲作者空尘和尚当年创作此曲的地点即文津阁所在地。

◆ 10月13—16日，赴山西参加"河曲民歌二人台艺术交流展演活动"及"西口文化论坛"。13日晚，在山西省忻州师范学院讲课，题目为《漫谈佛教音乐》。

◆ 11月8日上午，出席在安徽黄山举办的"首届中国非物质文化遗产保护黄山论坛"。本次论坛的主题为"非物质文化遗产与当代生活"。论坛云集了众多民俗专家、学者共同探讨如何在当代对非物

1. 在山西参加"河曲民歌二人台艺术交流展演活动"时游览黄河

2. 在广州大学举办的"2012中国广州岭南传统音乐研究与传承学术研讨会"上发言

3. 在广州大学举办"民歌与非遗保护主题讲座"时合影

质文化遗产进行更有效的保护，推进社会各界对非遗保护的合作与沟通，促进非遗的保护与传承。本次论坛为"首届中国（黄山）非遗传统技艺大展"的一部分。

◆ 11月16—17日，在广州大学参加"2012中国广州岭南传统音乐研究与传承学术研讨会"，并在开幕式上致辞。在会议发言中，将岭南传统音乐与厚重、苍凉的西北音乐文化相对比，认为岭南传统音乐具有浓艳的性格，从非物质文化遗产保护的角度，强调传统音乐既要传承、保持DNA，保证不在转基因的情况下发展，同时我们对岭南传统音乐的保护又要有保护的意识以及进行传承、研究的责任感。其间，应邀在广州大学举办了"民歌与非遗保护主题讲座"。

在悉尼歌剧院前

在悉尼参加"21世纪中华文化世界论坛第七届国际学术研讨会",并做主题发言

◆11月26日晚,在上海音乐学院观看"2012上海音乐学院首届甘美兰音乐讲习班汇报音乐会"演出。

◆11月,策划举办"中国首届当代佛教艺术展——佛教造像暨雕塑艺术展",展览在昆明市博物馆举行,由中国艺术研究院宗教艺术研究中心、北京城市公共艺术研究中心和云南省佛教协会共同主办,这是国内第一次也是最大规模的关于佛教造像和雕塑艺术的比赛和展事。为了此次展览的成功举办,田青在申请有关部门的批准和总体设计方面殚精竭虑,做了大量工作。

◆12月1—6日,赴澳大利亚参加"21世纪中华文化世界论坛第七届国际学术研讨会",并做主题发言——《非物质文化遗产的保护与文明对话》。

◆连任中国人民政治协商会议第十二届全国委员会委员。

◆本年度郭耿甫(中国台湾)、巫宇军、赵洁三名学生毕业;招收一名音乐学博士研究生:陈蓓,一名非物质文化遗产保护研究专业硕士研究生:徐梦菲,一名音乐学专业博士后:王安潮。

◆年度小结:

1. 工作重心仍在非物质文化遗产保护。出席全国"两会",利用政协委员的身份呼吁保护非物质文化遗产;策划"良辰美景·恭王府2012年非遗演出季"昆曲、古琴大型展演活动;赴土耳其、澳大利亚等国进行文化交流活动。作为一名文化学者,他敏锐地意识到全球一体化对文化多样性的破坏,不停地呼吁在现代化的进程中,要保护我们自己的文化,"我们现代化的结果应该是成为现代的中国人而不应该是变成美国人"①。"非遗保护最重要的就是重新唤起我们的文化自觉,重新唤起我们整个民族在文化上的自尊和自豪。"②

2. 推广佛教文化,策划举办"中国首届当代佛教艺术展——佛教造像暨雕塑艺术",集中展示当代佛教造像及雕塑艺术。

3. 专著《禅与乐》出版,乃是对其之前有关宗教音乐研究、民族音乐研究、音乐史研究的最终总结,从信仰开始切入音乐史研究,将音乐放置于民族精神、民族美学的大背景下,从宏观上把握中国音乐的内在特质与未来走向,这种独特的研究视角与研究方法得益于其多年来对宗教及宗教音乐的研究,而归根结底仍归于文化自觉与自信。对于此,张振涛先生评论说:"理论家往往在成熟期总结早年介入的研究领域。经年培灌,心浸多年,博赡而能贯通,因而超越材料,文避枝蔓,不求引据浩繁,旨在夺领大势,固多精凿之论,且因已着先鞭,有了策马奔腾的快意,呈现元气淋漓之象,对当下现象的勾连也有了通盘思考的进路。从第一篇宗教音乐研究论文至今30年,作者没有离开学术原点。此书积十年之功,精神贯注,提炼总括,终成巨川,汇集了田青面对音乐、依傍禅宗、阐扬创发的一系列丰富的学术思想。"③ 实为中肯之言。

---

① 田青:《非遗保护:守望我们的精神家园(上)》,《紫光阁》2012年第6期。
② 同①。
③ 张振涛:《两脉活泉 一塘云影——读田青〈禅与乐〉》,《人民音乐》2012年第6期。

大陆及台湾出版的《禅与乐》书影

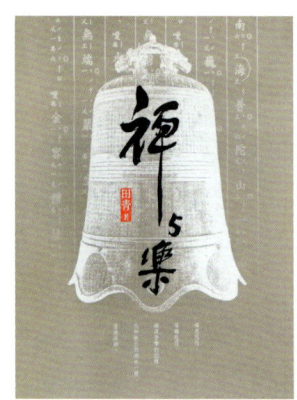

◆ 本年度著作：

专著《禅与乐》，文化艺术出版社。

主编2012年度《中国音乐学》，共4期。

《从春节放鞭炮看遗产保护理念的提升》，《中国文化报》1月19日。

《演奏家需要头脑代序——在宋国生教授执教五十周年学术研讨会上的发言》，《中国音乐》第1期。

《百期之期》，《艺术评论》第3期。

《简化字是我国古代文字遗产的承续》，《中国统一战线》第3期。

《科学·宗教·艺术——兼谈人类认知世界的三种不同方式》，《艺术评论》第5期。

《找回祖先的声音——中国民歌与非物质文化遗产保护》，《艺术评论》第7期。

《非遗保护：守望我们的精神家园（上）》，《紫光阁》第6期。

《非遗保护：守望我们的精神家园（下）》，《紫光阁》第7期。

《一方面消失，一方面同化，传统戏曲危矣！》，《中国艺术报》3月14日。

2013

◆ 1月，被中国音乐学院聘为特聘教授，聘期为2013年3月1日—2016年2月28日。

◆ 3月3—12日，出席全国政协十二届一次会议并列席全国人大十二届一次会议。

◆ 3月27日下午，在中央音乐学院教学楼讲座，为音乐学系研究生主讲《音乐学研究方法与治学理念》，讲座由音乐学系副主任和云峰教授主持，音乐学系主任周青青教授、民乐系三弦专业谈龙建教授等学者出席了讲座。本次讲座为中央音乐学院"著名音乐学家系列讲座"之第四讲。

◆ 4月7—13日，应邀赴美国参加"保护传统文化的非物质文化遗产政策与实践——中国与美国的比较"高级研讨会，此次研讨会由美国高等研究院主办，在美国新墨西哥州首府圣塔菲市召开。此次会议是中美两国非物质文化遗产方面的一次高规格的交流活动。会议的组织者从中国和美国分别邀请了5位代表性的学者和学者型的文化行政官员参与研讨。其召集人是美国杜兰大学人类学教授尼克·斯皮泽和纽约州立艺术委员会民间艺术和音乐项目主管罗伯特·巴伦博士。参会的中方官员、学者包括文化部非物质文化遗产司副司长马盛德及田青、高丙中、安德明、杨利慧等学者。除斯皮泽和巴伦之外，参会的美方代表还包括美国国会图书馆美国民俗研究中心主任伊丽莎白·彼特森博士、弗吉尼亚因特蒙特大学文化遗产研究和公共艺术系副教授杰西卡·特纳等。会议的主旨发言共分五组进行，第二组发言围绕"中美非物质文化遗产保护和展示的问题和实践"展开，田青以《从政府到百姓——"中国特色"的非物质文化遗产保护》为题发言。他在发言中指出，非遗保护顺应了群众对文化生活的迫切需求，为中国21世纪的崛起做好精

1. 赴美国参加"保护传统文化的非物质文化遗产政策与实践——中国与美国的比较"高级研讨会,在圣塔菲学院门口

2. 赴美国参加"保护传统文化的非物质文化遗产政策与实践——中国与美国的比较"高级研讨会,与相关人员合影,前排左坐者为文化部非遗司副司长马盛德

神、社会和文化准备。在这次对话中,田青为了让美国学者加深对中国现状的理解,首次提出了"三个数字懂中国(5000年的辉煌、200年的屈辱与自卑、30年的崛起与自信)"的说法。

◆4月16日,在中国国家博物馆学术报告厅出席"'星云大师一笔字书法展'2013大陆巡回(北京展)新闻发布会"。中国国家博物馆副馆长陈履生主持发布会,台湾佛光山文化教育公益基金会执行长如常法师出席。

◆4月18日,在北京参加由文化部艺术司、中国民族管弦乐学会共同主办、新绎文化有限公司协办的"第二届华乐论坛暨'新绎

杯'经典民族管弦乐（协奏曲）作品评奖"的终评，担任评委。

◆4月20日，在中国国家博物馆参加"'星云大师一笔字书法展'2013大陆巡回（北京展）开幕式"。本次展览由中国艺术研究院、台湾佛光山文化教育公益基金会主办，佛光缘美术馆策划，中国国家博物馆承办。田青全程参与筹办。

◆5月24日，在北京国家宗教局培训中心为国家宗教局举办的2013年全国道教界代表人士读书班授课，通过梳理我国丰富的道教文化在中华文明史上所起到的巨大作用，激励今天的道教人士为继承、发扬传统道教文化而努力。

◆6月7日，在广州参加首届"活力非遗高峰论坛"暨"活力非遗2013年度致敬人物"评选活动颁奖仪式，并在论坛上发表演讲，力主在非物质文化遗产领域要坚持"保护为主、抢救第一"的原则，强调只能在传承的基础上再谈"发展"。

◆6月，策划并负责实施"良辰美景·恭王府2013年非遗演出季"活动。此次活动由中国昆剧古琴研究会与文化部恭王府管理中心共同策划。活动从6月8日持续至12日，由"昆曲专场"和"古琴专场"两部分共5场演出组成。在昆曲专场中，浙江昆剧团和永嘉昆剧团演出经典剧目《十五贯》以及《狮子楼》《牡丹亭·拾画》等多出精品折子戏；古琴专场中，陈长林、吴钊、龚一、成公亮、丁承运、余青欣、赵家珍7位国家级非物质文化遗产项目古琴艺术代表性传承人除献上《梅花三弄》《流水》等名曲外，还在国家图书馆举办古琴知识系列讲座。6月8日，文化部副部长项兆伦出席并观看开幕演出。此次活动受到媒体的大力关注，中央电视台《新闻直播间》、北京电视台《北京您早》都进行了报道，此外新华网、中国网、中国日报网、新浪网、中国民族宗教网、中国戏曲网、《京华时报》《中国文化报》等多家网络媒体和平面媒体也予以报道。

◆6月9日，在国家图书馆出席"中国非物质文化遗产保护讲座周""中国非物质文化遗产典籍记忆系列展"开幕式，该活动由文化部主办，国家图书馆、中国非物质文化遗产保护中心承办。并于6月10日下午在国家图书馆主讲《找回祖先的声音——中国民歌与非物质文化遗产保护》，以中国民歌形式的丰富性和歌者情感表达的独特性，提出对文化自尊、文化自觉和文化多样性的思考。

◆6月26日，到湖南省长沙市为湖南省文化局干部讲授非物质文化遗产保护问题，鼓励地方干部多为保护非物质文化遗产出力。

◆6月28日，在北京大学出席"中华文化促进会佛教文化中心"成立大会并发表演讲。

◆7月6—8日，参加中央音乐学院音乐学系所主办的"新音乐学：理论、方法与资源"国际学术研讨会。8日上午，做《"非遗保护"背景下的中国音乐》学术报告。

◆7月14日，在北京横山书院授课，题目为《禅·艺术·人生》。

◆7月16—18日，在内蒙古大学讲学。7月17日上午，在内蒙古大学艺术学院做了题目为《非物质文化遗产保护下的中国音乐》的专题讲座，内蒙古大学艺术学院李玉林院长代表学院为其颁发客座教授聘书。

◆7月22—27日，在香港城市大学中国文化中心进行三场中国文化系列讲座，分别为：23日，《守望精神家园——中国的非物质文化遗产保护》；24日，《梵音海潮音，胜彼世间音——汉传佛教音乐概述》；25日，《歌声本天然——原生态唱法与中国当代声乐界的未来》。

◆8月4日，在北京798艺术区莲生妙相（北京）唐卡艺术中心出席

参观唐卡展时，接受唐卡艺术大师赠送的哈达

"青海热贡唐卡美术大师作品联展"开幕式并参观展览。本次活动由"普罗艺术"与青海省文化厅、青海省黄南州同仁县文化局联合策划，集结了国家级工艺美术大师娘本、斗尕、西合道、更登达吉，国家级非物质遗产项目热贡艺术代表性传承人罗藏旦巴、俄玛才旦、夏吾角等中国唐卡美术大师，涵盖了彩唐、黑唐、金唐、红唐种类的近40幅代表热贡艺术最高水准的唐卡画作。

◆ 8月4—6日，赴福建师范大学，参加"第一届海峡两岸文化发展论坛"，并发表主旨演讲。

◆ 8月10日上午，参加中国艺术研究院研究生院导师遴选会议。

◆ 8月10—11日，去云南楚雄州武定县参加"彝族火把节"。

◆ 8月11—13日，在湖北宜昌三峡库区，考察"佛教文化园"情况。

◆ 8月26日，在北京人民大会堂出席"中国佛教协会成立60周年纪念大会"。

在云南楚雄参加"彝族火把节"

◆8月27—29日，在内蒙古巴彦淖尔市参加"内蒙古首届中西部民歌研讨会"，并做主题发言。

◆9月1日下午，在早春书院讲座。早春书院系北京早春文化传播有限公司所办，该公司负责人张东升先生邀请刘明康、郑欣淼、田青三位先生作为该书院的倡办人。这是该书院成立之后的第一场讲座，题目为《中、西音乐之异同》，在这个讲座里，田青从大文化和历史的角度，联系大量中外音乐实例，阐述了他对中西文化异同的思考，深入剖析中华音乐文化与西方古典音乐产生、发展的不同背景，指出在艺术领域里，不能用科技领域里"先进与落后"的概念，应该贯彻"各美其美、美人之美"的美学原则，提倡文化多样性，在深入、全面继承中华传统文化的基础上努力增加文化自信，为民族文化的伟大复兴而奋斗。

◆9月7—8日，赴四川省都江堰市。8日参加都江堰文庙祭孔大典，晚上主持张孔山古琴音乐会。

◆9月9—11日，赴广西南宁参加"东盟非遗国际论坛"并做演讲，向来自东盟各国的同行系统介绍了《中国非物质文化遗产保护工作的经验》，以我国十年来非遗保护工作的经验，生动宣传了我国改革开放的伟大实践。由于田青自始至终参与了我国非遗保护工作的全过程，又有学者的缜密思考和理论深度，所以获得与会者的信服和欢迎。

◆9月13日，去邢台参加大开元寺开光仪式，并出席"当代企业家的文化使命论坛"。用佛教文化在历史上的作用鼓励当代企业家以慈悲心回馈社会。

◆9月14日，接国务院通知，被聘为中央文史研究馆馆员。

◆9月14日下午，在中国国家博物馆学术报告厅（国博讲堂）讲座，题目为《佛教文化与佛教音乐》，陈履生副馆长主持，听众爆满，在过道、楼梯、地板上都坐了听众，讲座过程观众反应热烈，讲座最后的互动环节更为活跃，几乎无法结束。

◆9月15日，在北京西藏大厦参加中国艺术研究院2013年职称评审大会。

◆9月17日晚，在北京会见台湾汉唐乐府创始人陈美娥并共进晚餐。

◆9月19日晚，在文化部恭王府文化管理中心大戏楼观看演出，参加中秋诗歌朗诵会。

◆9月22日下午，去中央文史研究馆参加新任馆员第一次会议。

◆9月23日上午，在国家图书馆参加龚鹏程书法展开幕式。

◆ 9月24日上午，在全国政协礼堂出席民族与宗教委员会召开的会议，就有关民族宗教问题建言，主张充分发挥民族宗教的特殊作用，开辟促进两岸和平统一的渠道；晚上，在净心莲（长虹桥店）宴请北京画院院长王明明及杨秀明夫妇。

◆ 9月25日上午，在中国艺术研究院参加非物质文化遗产数字化会议。

◆ 9月26日晚，去北京东城区北总布胡同10号查看中国昆剧古琴研究会新址。

◆ 9月28日，在北京早春书院主持讲座，由陈履生主讲《新国画》。

◆ 10月8—10日，以中国艺术研究院宗教艺术研究中心名义主办"恒山道乐 晋北古韵"道教音乐会，邀请山西省阳高县李家祖传民间道士班音乐会到北京演出：10月8日晚，在中山音乐堂演出，田青特别邀请新任全国政协民族宗教委员会主任朱维群和中国道教协会副会长黄信阳道长出席观看；9日下午，在中国艺术研究院研究生院第五会议室演出；10日，在中央音乐学院演出。

◆ 10月9日，题诗庆贺左权盲人宣传队进京演出十周年。

◆ 10月10日，在北京画院美术馆出席"清音赋流水 泼墨写云山——杨秀明音乐·绘画展"开幕式并剪彩，本次画展由中国艺术研究院音乐研究所与北京画院共同主办，田青与北京画院院长王明明共同策划实施，田青为画展撰写序言。

◆ 10月11日晚，陪同中共中央政治局委员、国务院副总理马凯同志参观杨秀明画展，并欣赏杨秀明弹奏古筝，田青导聆。

◆ 10月13—17日，在河北省承德市出席"第五届海峡两岸暨港澳地区艺术论坛"。本次论坛由中国文学艺术界联合会、中共河北省委宣传部主办,河北省文学艺术界联合会、承德市人民政府共同承办。论坛历时五天,以"凝聚与提升——中华文化对当代艺术的影响力"为主题。

◆ 10月18—20日,赴上海参加"第十五届上海国际艺术节"活动。18日上午出席开幕式,下午作为主要演讲嘉宾参加分论坛二:"文化多样性在艺术节中的体现与贡献——国际艺术节主席对话",在浦西洲际酒店3F宴会厅与芬兰艺术节联盟执行总监凯·安博拉、中国台湾台北艺术节艺术总监耿一伟、澳大利亚墨尔本艺术节创意制作人安德鲁·布莱比、中国上海国际艺术节中心总裁王隽、中国香港艺术节行政总监何嘉坤、美国纽黑文国际创意艺术节执行总监玛丽·露·阿列斯奇、波兰国际维洛提斯拉维亚合唱艺术节国际部与音乐部总监皮欧特·图尔凯维奇等进行对话。20日上午,在上海戏剧学院(红楼209)举行《中国非遗专家田青与爱丁堡国际艺术节艺术总监谈——民族文化的传承与发扬》专题讲座。

◆ 10月21日晚,在北京皇家粮仓,出席山西左权盲人宣传队进京举行的演唱会十周年纪念活动"向天而歌又十年——太行盲艺人刘红权北京答谢演唱会"。

◆ 10月26日,在中国艺术研究院第五会议室参加"第二届中华艺文奖"筹备会。

◆ 10月31日,在天津音乐学院参加"天津音乐学院建院55周年系列学术活动"。上午,主讲《中国民族音乐的现状与未来》;下午,与徐昌俊、努斯莱提·瓦吉丁、任达敏等主讲《天津音乐学院的传统与未来》。

◆ 11月2—3日,赴四川成都参加古琴研讨会,庆祝古琴申遗10周年。2日上午,应四川音乐学院古琴艺术研究中心邀请,在四川

1. 题诗庆贺左权盲人宣传队进京演出十周年

2. 为"向天而歌"题字

音乐学院本部星海音乐厅主讲《古琴传承与非物质文化遗产保护》。

◆ 11月4日，出席在四川师范大学音乐学院举行的全国教育科学"十二五"规划教育部重点课题"非物质文化遗产校园传承研究"子课题"非物质文化遗产校园传承研究——民族音乐"四川省开题会，并作为课题组组长发表讲话。

◆ 11月5日，在浙江省杭州市参加浙江省文化厅举办的越剧《二泉映月》策划活动。

◆11月6日晚，在国家大剧院聆听天津音乐学院"'国乐天音'——民族管弦乐专场音乐会"。

◆11月7日，应中国音乐家协会管乐学会之邀在中央音乐学院讲座，从筚篥的传入及其在唐代的盛行，讲到中国北方佛教音乐与笙管乐的关系，最后对管乐的发展提出希望与建议。

◆11月8日上午，在中南海紫光阁接受李克强总理颁发的"中央文史研究馆馆员"聘书。下午举行记者招待会。同时新聘任的国务院参事包括林毅夫、杜鹰、谢伯阳、李玉光、张玉平、蔺永钧，中央文史研究馆馆员包括李前宽、张大宁、仲呈祥、安家瑶、田青、陈晓光。

◆11月11日下午，在江西科技师范大学音乐厅做关于"非物质文化遗产保护的意义"的讲座。

在中南海紫光阁接受李克强总理颁发"中央文史研究馆馆员"聘书前留影

◆11月12日下午，在江西财经大学艺术学院讲学，讲座主要内容为民族文化的继承与创新。学院院长包礼祥、调研员张维刚、副院长李民和陈红及学院音乐系师生200余人共同聆听了讲座。讲座由艺术学院院长包礼祥主持。

◆11月13日，在江西南昌航空大学音乐学院讲课。

◆11月16日，在国家民族事务委员会讲课，强烈呼吁加强对少数民族传统文化的保护和继承，提醒民族地区在发展文化的过程中要尽量避免"同质化"，强调"各美其美"的重要性，指出保护非物质文化遗产的"原真性"和特色，是民族文化发展的基础。

◆11月18—21日，在云南昆明出席"第二届亚洲文化论坛"。本届亚洲文化论坛于11月19—20日举行，由文化部、云南省政府共同主办，中国艺术研究院、云南省文化厅、昆明市政府承办。来自柬埔寨、韩国、老挝、斯里兰卡等11个亚洲国家的60余位代表出席。

主持"清音和鸣"中国古琴新年盛会

在"中国古琴艺术的传承、保护与传播"研讨会上发言

◆ 11月23日,参加由湖北省高校人文社科重点研究基地·长江传统音乐文化研究中心和武汉音乐学院湖北音乐博物馆、湖北非物质文化遗产保护中心、音乐学系共同举办的"古琴申遗成功10周年庆典音乐会暨琴学与非遗保护学术研讨会"系列活动,此次活动于11月23—25日在武汉音乐学院举行。23日上午,在武汉音乐学院滨江校区学术报告厅做《古琴的人文精神》专题讲座。

◆ 12月2日,在上海视觉艺术学院讲课,系统介绍了我国非物质文化遗产保护的进程、政策和经验。

◆ 12月6日,在北京大学出席"中国传统文化反思与展望研讨会暨楼宇烈先生80大寿会议",做《中国传统音乐与西方古典音乐之异同》的报告。

◆ 12月10—12日,在重庆参加由中国昆剧古琴研究会、中国艺术研究院音乐研究所主办,重庆市非遗保护中心、重庆市渝中区区委、区政府协办,重庆市渝中区宣传部、重庆市渝中区文学艺术界联合会和重庆天风古琴院承办的"中国古琴艺术的传承、保护与传播"研讨会,并主持11日、12日在重庆国泰艺术中心举办的"清音和鸣"中国古琴新年盛会。

◆12月13日，在上海音乐学院参加"古琴申遗10周年"系列活动。

◆12月15日，在北京早春书院讲座，题目为《读书大家谈》。

◆12月，被文化部聘为文化部艺术研究专业高级职称评审委员会委员。

◆本年度王辉、池玉玺、程澄等三位学生毕业；招收两名硕士研究生：孙唯一为音乐学专业，邬玮砾为非物质文化遗产保护研究专业，另有一位音乐学博士后胡斌进站。

◆年度小结：
1. 本年度有多项重要活动是有关非物质文化遗产保护的：参加"两会"，提案关注非物质文化遗产保护问题；赴美国参加"保护传统文化的非物质文化遗产政策与实践——中国与美国的比较"高级研讨会；策划实施"良辰美景·恭王府2013年非遗演出季"昆曲、古琴演出活动；在香港城市大学中国文化中心进行三场中国文化系列讲座；参加"第十五届上海国际艺术节"活动；策划主办"恒山道乐 晋北古韵"道教音乐会；出席"第二届亚洲文化论坛"；策划举办"中国古琴艺术的传承、保护与传播"研讨会，等等。本年度较为关注"城镇化"与传统文化保护问题，提出在大规模城镇化过程中，一定要避免和传统文化的断裂，从"硬件"到"软件"都应该有"文化城镇化"意识。① 在城镇化过程中要着重保护与传承民族民间文化。②
2. 策划杨秀明画展，杨秀明先生是著名的潮州派古筝演奏家，不但音乐造诣颇高，更兼善丹青，以画入乐，以乐入画。田青与之乃多年故交，多方奔走，在北京画院为之举办画展，了却其一桩心愿。

---

① 田青:《应该有"文化城镇化"意识》,《中国文化报》2013年3月11日。
② 同①。

3. 被聘为中央文史研究馆馆员。中央文史研究馆是党和政府为团结和安排老年知识分子而设立的、具有统战性和荣誉性的文史研究机构。其宗旨是"敬老崇文"。受聘者皆为耆年硕学之士、社会名流和专家学者。另外,本年度的演讲《我的反省与思考——与青年学子谈学术之路》,则是对青年学子如何做学问的谆谆教导,告诫青年学生首先要学会读书,同时也要学而致用,所做的研究要"尽量靠近社会,能够被社会接受,能够对社会起点作用"。做学问要有求真的精神,要敢于突破禁区,发现新问题;要敢于怀疑,不要迷信权威。

◆ 本年度著作:

《乡音——世上最美的音乐》,《中国文化报》1月4日。

《我的反省与思考——与青年学子谈学术之路》,《中国音乐学》第1期。

《应该有"文化城镇化"意识》,《中国文化报》3月11日。

《青歌赛不应取消"原生态"组》,《光明日报》4月13日。

《"城镇化"与传统文化的传承(发言纪要)》,《中华文化画报》第3期。

《"士"的传统与"新文人画"——读刘明康美术作品集〈旧忆〉》,《艺术评论》第2期。

《禅与中国传统音乐》,《人民日报》(海外版)6月17日。

《城镇化》,《全国政协》第8期。

《非物质文化遗产的保护与文明对话》,《联合时报》10月29日。

《琴与敬——古琴的人文精神》,《紫禁城》第10期。

《人生难忘是初衷》,《艺术评论》第10期。

2014

◆ 1月8日，在澳门出席由中华文化促进会、凤凰卫视主办的"智慧东方——2013中华文化人物"颁授典礼，并作为嘉宾讲述获奖者泉州木偶剧团团长王景贤的事迹。

◆ 3月3—13日，出席全国政协十二届二次会议并列席全国人大第十二届二次会议。提出提案"合理保护文化遗产应成为考评官员政绩的重要指标"。

◆ 3月30日，在广州出席由中山大学岭南学院、财新传媒共同主办的"第三届岭南论坛"，并在"中国经济：寻找改革动力"论坛上做主题发言。

◆ 4月，到湖南浏阳实地考察调研了浏阳文庙祭孔古乐，与浏阳古乐传承人邱少求进行了交谈。并到浏阳市文化馆对浏阳古乐申报国家级非物质文化遗产工作进行指导。

◆ 4月26日，在北京早春书院主持讲座，由杨飞云主讲《杨飞云谈油画》。

◆ 5月底，随全国政协副主席卢展工带队的全国政协文史委的部分委员一起到福建武夷山进行考察。

1. 在"智慧东方——2013中华文化人物"颁授典礼上，与获奖的泉州木偶剧团团长王景贤相拥庆祝

2. 在第三届"岭南论坛"上演讲

3. 随全国政协副主席卢展工赴武夷山考察期间，为茶厂现场题诗

◆ 6月12—15日，在2014年中国第九个文化遗产日到来之际，由中国昆剧古琴研究会与文化部恭王府管理中心共同策划主办的恭王府"第七届良辰美景·非遗演出季"在北京恭王府大戏楼上演。同时，14—15日在国家图书馆艺术中心各举办一场昆曲和古琴演出。恭王府"第七届良辰美景·非遗演出季"在四天的演出时间里安排两个古琴专场和两个昆剧专场。古琴专场特别邀请了在琴界颇具影响力和代表性的姚公白、龚一、李祥霆、丁承运、陈熙珵、余青欣、李凤云等国家级非遗传承人和古琴名家，弹奏《古风操》《流水》《广陵散》《渔樵问答》《梅花三弄》《忆故人》《梧叶舞秋风》《幽兰》《大胡笳》《离骚》等古风名曲。昆曲专场则邀请了成都市川剧研究院和重庆市川剧院，共同带来在巴蜀地区至少已经传承400年，外人却难得一见的昆曲艺术流派"川昆"。这是"川昆"400年来首次出川进京。此次活动得到了中央电视台《新闻联播》《新闻直播间》，北京电视台《晚间新闻报道》，《中国文化报》《中国文物报》《中国旅游报》《北京晨报》，人民网、中国网、新浪、搜狐等10余家媒体的关注及报道。

◆ 6月8—14日，在甘肃参加"中华文化四海行——走进甘肃"大型系列文化活动，深入甘南藏族自治州、临夏回族自治州进行文化调研和采风。该活动由国务院参事室、中央文史研究馆和甘肃省人民政府联合主办。9日上午，在甘肃兰州参加启动仪式，国务院参事室党组成员、副主任方宁，甘肃省委常委、省委副书记欧阳坚出席启动仪式并讲话。甘肃省政协副主席黄选平，部分中央文史研究馆馆员，来自甘肃、北京等19个地方文史研究馆的馆长和馆员代表出席启动仪式。启动仪式由甘肃省委常委、宣传部部长连辑主持。6月9日下午，在西北师范大学新校区毅然报告厅，"中华文化四海行——走进甘肃"西北师范大学专题文化讲座上，做了《中国传统音乐的现状与未来》专题报告，600余名师生参加讲座。国务院参事室文史馆业务司司长耿识博，中央文史研究馆馆员杨天石，省政府文史馆副馆长李汝根，省政府文史馆副馆长、兰州大学教授、博士生导师吴景山出席专题讲座，中央文史研究馆工作人员，全国十八个省（市、区）政府参事室和文史馆有关领导、参事和馆员，以及中央人民广播电台、《人民日报》（海外版）、《甘肃日报》、甘肃电视台等12家媒体参加了讲座。西北师范大学党委书记刘基教授出席讲座。讲座由西北师范大学党委常委、副校长董晨钟教授主持。

◆6月20日，在南京雨花精舍参加星云文化教育公益基金会第一届第一次理事会。

◆6月24—30日，赴甘肃省临夏州和政县担任"第七届中国原生民歌大赛"评委，此次活动由国家文化部主办，文化部民族民间文艺发展中心、甘肃省委宣传部、甘肃省文化厅、甘肃省广电总台、临夏州政府联合承办，在甘肃和政县举行，为期6天。

在甘肃临夏州和政县"第七届中国原声民歌大赛"上接受记者采访

在甘肃临夏州和政县"第七届中国原声民歌大赛"后的研讨会上发言

◆7月16日,赴贵州师范大学参加"中国少数民族音乐学会第十四届年会"开幕式并讲话。会议开幕式由中国少数民族音乐学会名誉会长樊祖荫主持,出席开幕式的还有贵州省文化厅副厅长黎盛翔、中国少数民族音乐学会会长赵塔里木、贵州省政协副主席蔡志君、文化部民族民间文艺发展中心主任李松等人。本次会议由中国少数民族音乐学会、省文化厅、贵州师范学院共同主办,贵州省非物质文化遗产保护中心、贵州民族音乐研究会、贵州师范学院艺术学院、贵州省文化馆承办。

◆7月19日,携夫人参加佛光祖庭江苏宜兴大觉寺举办的"第五期青年生命禅学营"开营典礼。此次活动持续至24日,来自美国密歇根州立大学、迈阿密大学、莱斯大学工程学院、麻省巴布森学院、意大利马切拉塔美术学院、意大利米兰比可卡大学、澳大利亚墨尔本莫纳什大学、加拿大哥伦比亚国际学院、中国香港中文大学英语系以及国内17个省150所大学的250位学生参加。

◆8月初,带领中国昆剧古琴研究会工作人员到苏州、昆山等地考察昆曲。

◆8月22—23日,赴吉林延边出席"'延边之夏'2014中国图们江文化旅游节非物质文化遗产论坛",并做主题发言。

◆8月28—31日,以名誉团长身份参加"两岸敦煌文化考察团"到敦煌研究院进行学术交流,团长为台湾汉唐乐府创办人陈美娥女士。29日下午,应邀在敦煌研究院小报告厅做了题为《回归,就是发展》的学术讲座,讲座由敦煌研究院党委书记、常务副院长王旭东主持。敦煌研究院院长樊锦诗、副院长罗华庆等参加了讲座。

◆9月10日,由文化部恭王府管理中心主办的"法雨禅风——田青书画作品展"在北京恭王府安善堂开幕。全国政协副主席卢展工,中央党校常务副校长何毅亭,社会主义学院书记兼常务副院长叶小文,中央文史研究馆副馆长冯远、方宁,全国人大外事委员会副主任委员、国家艺术基金理事会副理事长赵少华,北京画院院长王明明,原文化部副部长陈晓光、王文章,原故宫博物院院长郑欣淼,原二炮副政委程宝珊中将,著名学者楼宇烈、朝戈金、陈履生、吕品田、张庆善、王能宪、卜健、王仲、张廷浩、王志远、张东升,以及著名艺术家李燕、刘森、卢中南、胡松华、李羚、史国良、关牧村、陈美娥(中国台湾)、徐沛东、冯双白、张泽群、刘若望、颜新元、茸巴辛娜、石占明等社会各界嘉宾和媒体共计200余人参加开幕式并参观展览。原文化部陈晓光副部长赠诗曰:"文山艺海苦行僧,扬善嫉恶老愤青。梵音萦绕诗书画,犹如禅味在茶中"。恭王府博物馆馆长孙旭光和中国艺术研究院常务副院长吕品田主持发布会。本次共展出田青书画作品37件,作品内容多为佛法经典、语录、禅诗。台湾佛光山开山宗长星云大师为展览题写展名"法雨禅风"。展览持续至9月30日。

◆9月12日,原中国文联主席、著名音乐家周巍峙先生因病在京去世,田青含悲为之撰写挽联。

◆9月23—28日,跟随中央文史馆代表团到芬兰、瑞士等国访问,23日在芬兰赫尔辛基大学孔子学院,做题为《古琴:中国文人的乐

1. 考察苏州昆剧院时与蔡少华院长等交谈

2. 在"'延边之夏'2014中国图们江文化旅游节非物质文化遗产论坛"上演讲

3. 在敦煌研究院做报告

4."法雨禅风——田青书画作品展"开幕式现场嘉宾

5. 为周巍峙送挽联

1

2

3

4

5

1. 与袁行霈（中）、樊锦诗（右）在芬兰

2. 在芬兰赫尔辛基大学孔子学院做题为《古琴：中国文人的乐器》专题讲座

器》专题讲座，25日，为我驻瑞士使馆的同志就中国传统文化和非遗保护做演讲。此次访问系应芬兰赫尔辛基大学孔子学院、瑞士日内瓦大学孔子学院邀请，以袁行霈馆长为团长，访问团成员还包括中央文史研究馆馆员樊锦诗、国务院参事室交流合作司司长蒋勤、文史业务司三处处长吴著友等共5人。

◆ 10月23日，在北京演出的左权盲人宣传队集体到中国艺术研究院田青办公室看望田青，并表达对其感激之情。

◆ 10月25日，"中国昆剧古琴研究会2014年理事会议"在江苏省昆山市千灯镇召开，文化部副部长项兆伦以及非遗司领导参会并讲话。

◆11月16日—12月21日,"法雨禅风——田青书画展"在高雄佛陀纪念馆本馆二楼第三展厅展出。16日下午,与台湾知名人士林谷芳进行"禅风对话"并为书画展揭幕。台湾文化事务主管部门政务次长洪孟启、佛光山常务副住持慧传法师、高雄科工馆馆长陈训祥及台湾"汉唐乐府"创办人陈美娥女士等100余位文化艺术界、宗教界人士出席。

◆11月16日上午,在佛陀纪念馆举行《禅与乐》新书发布签售会。

◆11月22日,赴江苏宜兴大觉寺出席星云文化教育公益基金会成立典礼,并出席第一届第二次理事会。中国艺术研究院申报的第二届中国当代佛教艺术展及经费获得基金会支持,并获赞助50万元人民币。星云文化教育公益基金会由星云大师发起,以发扬中华文化为宗旨,本于星云大师"做好事、说好话、存好心"的三好思想,以公益形式开展各项文化与教育活动,加强国内外及两岸文化教育交流,为社会和谐、世界和平服务。

"法雨禅风——田青书画展"在高雄佛陀纪念馆展出,田青向观众介绍展品

1. 在书画展开幕前与林谷芳对话

2、3.《禅与乐》新书发布会在佛陀纪念馆举行

4. 新书发布会后为读者签名

◆12月16日，在北京亚奥国际酒店出席"庆贺李纯一先生九十五华诞学术研讨会"，为其写"寿"字相贺并现场致辞。

◆12月24日，在中国文学艺术界联合会出席"黄天厚土——刘若望艺术作品展"开幕式。

◆本年度朱明清、李自浩、李致伟、王博颖、李嘉宝五名学生毕业；招收四名学生：银卓玛为宗教音乐专业博士后，周亮为非物质文化遗产保护研究方向博士后，张黎黎为非物质文化遗产保护研究专业博士研究生，武玲如为音乐学专业硕士研究生。

◆年度小结：
1. 以政协委员和中央文史研究馆馆员的身份参加各种文化调研活动，关注重点仍为传统文化保护问题。呼吁"传统文化不能转基因"。"我们要培养的是现代化的中国人，不是一个没有国籍、没有祖国、没有文化传统、没有思乡之情，对自己传统文化也没有了解的所谓的国际人。"① 传统文化是我们的文化基因，能够为我们的改革提供最原始的动力。②
2. "法雨禅风——田青书画作品展"先后在北京和台湾展出。书法内容皆为佛教题材。台湾著名评论家林谷芳先生评论说，"君子不器，应缘而发"，田青的书画更贴近于他生命的本质，体现出他"出入自在的性格"。③ 书法家李一评论说："他的画可称为有韵律的文人简笔画，着墨不多，但笔下有韵，画里含禅。他画画，意不在刻画物象，而在画韵画禅。""从某种意义上说，田老师的画作，是他心中韵律节奏的形象显现，是他参禅悟道

---

① 田青：《传统文化不能"转基因"》，《人民政协报》2014年3月7日。
② 田青：《传统文化应成为改革的动力和基因》，《人民政协报》2014年4月10日。
③ 林谷芳：《世法浮沉后回归的一味——〈法雨禅风——田青书画作品展〉》（序），《法雨禅风——田青书画作品展》，恭王府管理中心2014年。

的艺术体验。"①

3. 关注民族音乐的发展，在天津音乐学院55周年庆典所作的演讲《中国民族音乐的现状和未来——田青研究员讲座实录》，指出应看到民族音乐表面繁荣背后的隐患，而民族音乐的未来第一步就是接续历史，向传统学习。

◆ 本年度著作：

《中国民族音乐的现状和未来——田青研究员讲座实录》，《天津音乐学院学报》第1期。

《感受不同音乐之美——谈中国传统音乐与西方古典音乐之异》，《人民政协报》1月13日。

《从人到猿——刘若望雕塑艺术的哲学意味》，《美术观察》第1期。

《传统文化不能"转基因"》，《人民政协报》3月7日。

《传统文化应成为改革的动力和基因》，《人民政协报》4月10日。

---

① 李一:《会心一笑——〈法雨禅风——田青书画作品展〉》(序)，《法雨禅风——田青书画作品展》，恭王府管理中心2014年。

2015

◆1月1日，经星云大师推荐，经理事会同意，星云文化教育公益基金会聘其为秘书长，任期自2015年1月1日—2018年12月31日。5月，《文化部社会兼职管理办法》规定领导干部在文化部业务主管社会团体只能兼任一个职务，因其已经担任中国昆剧古琴研究会会长，遂辞去星云文化教育公益基金会秘书长一职。

◆1月4日，"法雨禅风——田青书画展"转场至佛光山台北道场展出。

◆1月8日，在京参加由文化部民族民间文艺发展中心、中国艺术研究院、中国文化报社等单位联合主办的"周巍峙晚年文化工作座谈会"。中国文学艺术界联合会副主席陈晓光、中国艺术研究院院长王文章和周巍峙生前好友、家属及众多文艺界人士参加座谈。

◆1月11日，邀请吐鲁番文物局徐东良为北京光中书院创作禅堂壁画。

◆1月12日，到故宫博物院出席《韩熙载夜宴图》APP发布会。

◆1月15日，博士后银卓玛开题会。

◆1月22—25日，赴新加坡参加"首届新加坡国际青年南音展演"活动。24日下午，参加与展演同时举行的"传统艺术传承的现状与前景"对话会，共同探讨如何保留、传承和发扬南音。与会的专家还有新加坡的朱添寿、郭勇德，泉州的陈日升与蔡维镖以及中国台北的林珀姬等。

◆2月5日，在京参加中华宗教文化交流协会第二次理事会并做代

1、2. "法雨禅风——田青书画展"在台北展出

表发言。会议听取和审议了中华宗教文化交流协会会长王作安所做的《中华宗教文化交流协会2014年工作报告》。会议由中华宗教文化交流协会副会长兼秘书长蒋坚永主持。

◆2月10日，到中央文史研究馆开会。

◆2月25日，在中国艺术研究院研究生院为学生上课。

◆3月2日，微信登出往日画作3幅：一为"难得聪明图"，题"板桥四个字，已然臭了街。不管什么人，都往墙上贴。我本就糊涂，糊涂有何难。难得一明白，哈哈乐翻天。甲午之末 田青戏作并题"；二为"磨镜图"，题"磨砖作镜不为难，忽地生光照大千。堪笑坐禅求佛者，至今牛上更加鞭。甲午之末写佛印禅师诗意 田青沐手"；三为"插秧图"，题"手把青秧插在田，低头便见水中天，六根清净方为道，退后原来是向前。岁在甲午之冬 田青写意"。

◆3月3—13日，出席全国政协十二届三次会议并列席全国人大第十二届三次会议。

◆3月18日，在南京雨花精舍参加星云文化教育公益基金会第一届第三次理事会。

◆3月19—20日，到中国音乐学院授课。

◆3月24日，书"无智亦无得""如梦幻泡影""如露亦如电"，下款均为"心经句乙未春日田青书"。

◆3月25日，在中国艺术研究院研究生院为学生上课。书"放下即轻松"。

◆3月27日，赴天津参加天津非物质文化遗产保护协会成立大会及第一次会员代表大会，被推选为顾问。

◆3月30日，在中国艺术研究院研究生院为学生上课。

◆3月底，在办公室接受"尚音爱乐"网站记者专访，谈昆曲传承，后发表网络文章《田青:续接传统文化魂魄》。

◆4月2日，应邀参观北京紫檀博物馆，陈丽华、迟重瑞夫妇设宴招待。

◆4月4—5日，回天津扫墓。

◆4月7日，67岁生日，自书"寿"字。跋："乙未二月十八日乃观世音菩萨诞辰，恰逢俺六十七岁生日，实乃殊胜因缘。去年今日，曾书一'寿'字自贺，今仍书此字，以表感恩之情，菩萨摩诃萨。田青沐手并记。"

◆4月9—11日，携夫人赴湘西凤凰古城考察。

◆4月13日，到恭王府出席"第五届海棠雅集"。"海棠雅集"系周汝昌先生提议，由文化部恭王府管理中心举办的赏花赋诗活动，自2011年起每年4月举办一次。

◆4月14日，在北京光中文教馆拜会星云大师。

在光中文教馆拜会星云大师

◆4月15日上午，在人民大会堂新闻发布厅出席由人民出版社推出、星云大师总监修的《献给旅行者365日——中华文化与佛教宝典》出版座谈会。下午为杨秀明题写书名"行云流水 杨秀明的艺术历程"。微信记之：为即将出版的秀明兄音乐绘画集书写的书名。

◆4月18—21日，出席中国佛教协会第九届理事会，4月20日下午中国佛教协会召开第九届理事会第一次会议。会议聘请杨钊、刘长乐、楼宇烈、李玉玲、田青、净因6人为中国佛教协会第九届理事会名誉理事。

◆4月24—27日，应苏州昆剧院邀请，到苏州为中国昆剧古琴研究会传承基地揭牌，并在苏州昆曲讲堂进行《传统文化与当代中国》公益讲座。

◆4月29日—5月3日，赴江苏宜兴大觉寺出席"2015宜兴国际素

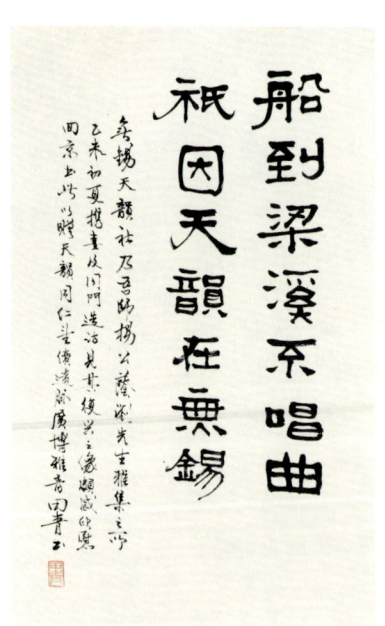

1. 为无锡天韵社题字"船到梁溪不唱曲，只因天韵在无锡"
2. 携夫人到宜兴大觉寺拜会星云大师

食文化暨绿色生活名品博览会"。宜兴国际"素博会"由星云大师倡导举办，活动以"传播素食文化，倡导绿色生活"为主题，展品主要为素食与绿色相关产品。其间造访无锡天韵社，回京后为之题字"船到梁溪不唱曲，只因天韵在无锡"。跋："无锡天韵社乃吾师杨公荫浏先生雅集之所，乙未初夏携妻及同门造访，见其复兴之像，颇感欣慰，回京书此以赠天韵同仁，望续遗脉，广博雅音。田青书。"

◆5月3日，书"闭门即是深山，读书随处净土"，下款"乙未初夏田青书"。

◆5月9日，画菩萨一幅。微信记之：今日试笔，菩萨摩诃萨。

◆5月10日晚，在北京早春书院主持讲座，由雷颐、李建军、厚夫等主讲《文学为什么伟大〈平凡的世界〉——纪念路遥读书会》。

◆5月11日，2015届音乐学专业博士研究生陈蓓论文答辩。

◆5月14日，2015届非物质文化遗产保护专业硕士研究生徐梦菲论文答辩。

◆5月23日，受邀赴河北正定临济寺、广慧寺等地考察参观。

◆5月25日，农历四月初八，在北京广济寺参加中国佛教协会举办的浴佛盛典。参加盛典的还有中国佛教协会副会长演觉法师、宗性法师，国家宗教事务局局长王作安、副局长蒋坚永、巡视员裴飚等，全国政协民宗委办公室吴亚东主任，艺术家韩美林，《西游记》"师徒"六小龄童、马德华、刘大刚、汪粤以及数千名首都佛教信众。中国佛教协会副秘书长宏度法师主持活动。

◆5月30日，书"一轮孤月沉江底，照彻群生万古思"，下款"明海和尚禅诗乙未夏田青书"。

书"问余何适，廓尔忘言；花枝春满，天心月圆"。上款"弘一法师临终前慈悲开示"，联中题"问余何适，廓尔忘言，非不知去处，亦非无言。花枝春满，天心月圆，只此八字说尽天下人间"，下款"岁在乙未之夏，田青沐手"。

书"当其无为之用"，下款"老子此语几近佛法乙未田青书"。

书"坦荡胸怀"，题"君子坦荡荡小人常戚戚"，下款"乙未夏田青自警"。

书"迷悟之间"，下款"岁在乙未之夏田青书"。

书"佛在我心"，下款"岁在乙未之夏田青沐手"。

◆5月31日上午，在北京艺术博物馆（万寿寺）出席"相法心源——夏吾角藏传佛教艺术精品展"开幕式并参观展览。本次展览由中国社会科学院世界宗教研究所、中国宗教学会、文化部恭王府管理中心、青海省文化厅、北京艺术博物馆、青海省黄南藏族自治州宣传部联合主办，由中国宗教艺术网、青海省同仁县人民政府、中慈（北京）国际文化交流中心、北京衍圣宗艺文化发展中心承办，由中国社会科学院世界宗教研究所、中国宗教学会提供学术支持。

◆6月1—3日，赴西安考察非物质文化遗产保护工作。

◆6月5日，在恭王府出席"良辰美景·恭王府2015非遗演出季"新闻发布会。为迎接我国第10个"文化遗产日"，由文化部非物质文化遗产司、文化部恭王府管理中心与中国昆剧古琴研究会共同主办"良辰美景·恭王府2015非遗演出季"。此次演出季于6月13—16日在北京恭王府和中山音乐堂推出8场演出，包括昆曲、古琴、南音三大世界非遗项目。演出季特别策划了"古琴与南音的对话"，大陆和香港、台湾的古琴名家首次同台，共同展现对中华传统文化的传承。晚，在光中文教馆看望菲律宾佛光山总住持永光法师及《佛陀传》的主要演艺人员，并观看演员们现场演绎《佛陀传》中的精彩片段，对他们的表演给予了肯定和赞叹，期待《佛陀传》在中国能早日演出。

◆6月6日，听闻著名古筝演奏家、画家、潮州音乐国家级非物质文化遗产代表性传承人杨秀明逝世，甚为悲痛，为之写挽联。上联"秀出层林风摧不折一生行云流水清音袅袅光潮汕"；下联"明归心性月照愈朗万古禅门高士浓墨点点绘胸襟"。上款"杨君秀明千古"；下款"田青泣挽，乙未夏"。
微信登出两个月前为杨秀明题写的书名"行云流水 杨秀明的艺术历程"。并记之：这是两个月前为他题写的书名，书未面世，斯人已逝，呜呼哀哉！

◆6月7日晚，专程飞赴广东省汕头市参加杨秀明葬礼，8日上午，在汕头市灵光寺参加杨秀明遗体告别仪式。

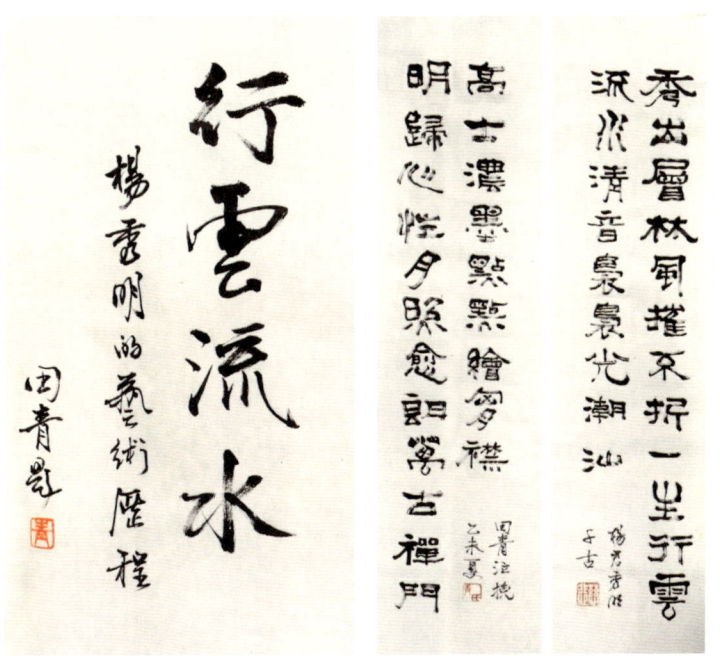

1. 为杨秀明专集题写书名"行云流水 杨秀明的艺术历程"

2. 为杨秀明撰写挽联

◆6月9日，为纪念杨秀明，题字"秀明洞"，下款"岁在乙未田青题"。微信记之：汕头岩石山有一岩洞，内阔如庭，杨君秀明曾在此弹琴。修葺管理者张总欲将此洞辟为音乐厅，吾甚嘉许，建议命名为"秀明洞"，以纪念杨君。闻者皆欣然，回京后书此以寄。

◆6月11日，书"看透"二字。上款"世上事可看透不可说透"，下款"乙未夏日田青书"。

◆6月12日，书"行到水穷处，坐看云起时"。下款"王维辋川诗句，乙未夏日田青书"。微信留言：王维此句，深得吾心。

◆6月13日，由中国昆剧古琴研究会与文化部恭王府管理中心共同主办的"良辰美景·2015非遗演出季"活动开始，当日北京电视台《北京您早》栏目对此进行报道。"良辰美景·2015非遗演出季"活动于6月13—16日分别在恭王府大戏楼和中山音乐堂交替举行，分为古琴专场和昆曲专场。6月13日晚，在中山音乐堂专场演出中，78岁高龄的昆曲名家侯少奎先生亲自出场，在《单刀赴会》中饰演关公，引起极大轰动。演出结束后，回办公室书"佛"字以庆当晚演出成功。

◆6月15日，在恭王府参观李延声非遗传承人画展。

◆6月16日，邀请台湾戏曲学院副校长、台湾政治大学中国文学系教授蔡欣欣在中国艺术研究院讲座。

◆6月22日，接待新进站博士后周亮来访。

◆6月23日，在中国艺术研究院研究生院参加其博士后胡斌（音乐学方向）出站答辩会。

◆6月24日晚，在国家大剧院歌剧厅观看优人神鼓《时间之外》演出。

◆6月26日上午,在京出席中国道教协会第九次全国代表会议开幕式。

◆6月26—29日,赴江苏扬州。26日下午下榻后题字:"古有鉴真,今有星云,佛法无边,万世永存。两次来扬,腆而妄言,虔诚顶礼,扬州讲坛。田青 乙未夏日。"27日下午在扬州论坛主讲《传统文化与当代社会》。6月29日,冒雨到镇江访金山寺,与心澄方丈相谈甚欢。指导镇江非遗工作者和金山寺如何撰写国家级非物质文化遗产项目《水陆法会》申报文本。

◆6月30日,书"慈悲则智慧如海,无欲可手眼通天"。下款"田青书"。
微信留言:此联系二十年前所撰,不知方家以为然否?

◆7月1日,书"若见诸相非相,即见如来"。下款"金刚经句,岁在乙未田青沐手"。
书"降伏其心"。下款"金刚经句,田青沐手"。
书"如如不动"。下款"金刚经句,田青沐手岁在乙未"。

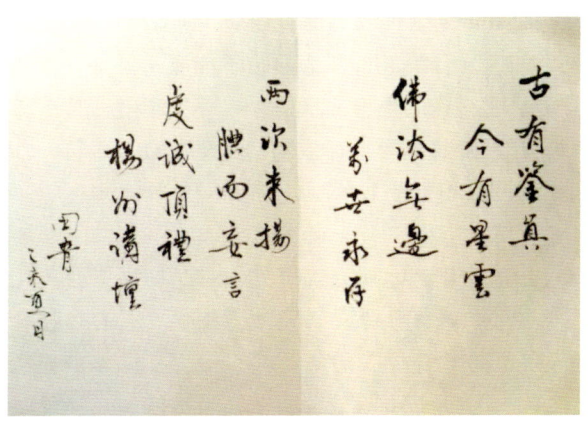

为扬州论坛题字

在金山寺与方丈心澄大和尚相谈甚欢

◆7月2日，应邀到中共中央党校主持"民歌风·延安情"安塞黄土风情文艺演出，此次活动由中共中央党校图书馆主办，安塞县委、县政府承办。

◆7月7日，闻著名琴家成公亮病重，夜书"琴人无求即成功，却得佳名遍寰中。曾播真言警世界，又谱佛曲度众生。悠悠一线随鸢逝，泠泠七弦任心穿。闻君有恙身同受，唯愿我佛佑家兄"。8日惊闻成先生仙逝，乃跋："昨日思君夜不能寐，得诗一首，今晨方寄，午后十八时得建欣电言兄已逝，呜呼！昨夜思君不寐，岂兄与我告别乎？原诗前有闻君有恙夜不能寐寄书为祷句，思之涕下。乙未五月廿三日田青泣书。"

◆7月10日，出席中国艺术研究院研究生院2015届毕业典礼，为两位毕业生徐梦菲、陈蓓分别题字"有成"赠之。下午书篆体："漫研竹露裁唐句，细嚼梅花读汉书"。微信记之：上午毕业典礼，下午书此句。

1
2

1、2. 赠毕业学生字"有成"

◆7月11日，书"雷海青"，上款"凝碧池畔身琴碎，羞煞多少文武臣"。下款"乙未夏日田青书"。微信记之曰：凝碧池畔身琴碎，羞煞多少文武臣。可参考拙作《毕竟，我们还有这样一个传统》。

◆7月13日下午，应邀到北京航空航天大学沙河校区讲座，题目为《中国传统文化与当代社会》。

◆7月14日，在中央民族大学音乐学院讲座。

◆7月18日晚，去中山音乐堂聆听陈长林师生古琴音乐会，并为之题名："琴韵流觞 陈长林师生古琴音乐会 田青题"。

◆7月21日，大学生古琴艺术节开幕。艺术节由中国昆剧古琴研究会赞助。
书"无云生岭上，有月落波心"。
书"诸法空相"，下款"乙未夏日田青沐手"。

为陈长林古琴
音乐会题字

◆7月27日，书"不养生而寿，处尘世亦仙"，下款"田青书"。微信记之：于右任曾书此联赠友。

◆7月28日，书篆体"无云生岭上，有月落波心"。题："石霜楚元（圆）问何为佛法大意"，联中题"无云生岭上，有月落波心"，下款"可真禅师即答此句，岁在乙未田青书"。

◆7月26日—8月2日，参加以全国政协教科文卫体委员会主任张玉台为组长的全国政协"发挥中华优秀传统文化在培育和践行社会主义核心价值观中的作用"专题调研组在吉林、山东调研。

◆8月7日，书"不是风幡不是心，迢迢一路绝追寻；白云本自无踪迹，飞落断崖深更深"。下款"草堂清禅师诗，岁在乙未之夏田青书"。微信自语：一幌风幡，竟使几多善根悟道！
书"尽日寻春不见春，芒鞋踏遍岭头云。归来笑指梅花苞，春在枝头已十分"。下款"无尽藏尼师悟道诗，岁在乙未田青书"。微信评:一位比丘尼因嗅梅而悟道……

书篆体"初心",下款"岁在乙未之夏田青书"。

书篆体"五蕴皆空",下款"乙未夏田青书"。

◆8月8—9日,在北京安徽大厦主持召开中国昆剧古琴研究会"2015—2016年度昆曲古琴进驻校园活动工作会议"。会议邀请中国昆剧古琴研究会、昆曲各大院团、各地民间琴社和曲社的负责人以及活跃于教学一线的著名琴家,分别就如何理解与定位"进驻校园"的真正含义、如何将"驻校园"付诸于实践、如何通过"进驻校园"来实现昆曲、古琴及传统文化精神的持续传承等问题进行讨论。

◆8月10—13日,去安徽参加由中国昆剧古琴研究会、安徽省音乐家协会主办,安徽省音乐家协会梅庵琴社承办的"清音·徽风——查阜西先生诞辰120周年暨丽田生琴台考12周年"系列纪念活动,并题名"清音徽风"。

◆8月11日晚,在中国科技大学国际学术报告厅做《传统文化与当代社会》专题报告,本讲座为"清音·徽风——查阜西先生诞辰120周年暨丽田生琴台考12周年纪念"系列活动之二。

◆8月12日上午,在合肥稻香楼宾馆徽苑参加纪念主题座谈会并发言。参观"清音徽风古琴文化展"。下午,出席"清音·徽风"古琴音乐会。

◆8月14—18日,应邀去内蒙古自治区呼伦贝尔盟参加祭敖包活动,并游览呼伦湖与贝尔湖。

◆8月22—24日,赴福州师范大学出席"第三届海峡两岸文化发展论坛",论坛于23日开幕。本论坛由福建师范大学、中华全国台湾同胞联谊会、中国艺术研究院、两岸关系和平发展协同创新中

1. 在中国科学技术大学讲座

2. 为"清音徽风——查阜西先生诞辰120周年暨丽田生琴台考12周年纪念"题名"清音徽风"

3. 在呼伦湖边

心、福建省闽南文化发展基金会、福建社会科学院、台湾世新大学主办，海峡两岸文化发展协同创新中心、文化部两岸文化研究基地、教育部闽台区域研究中心承办。

◆8月28日，为福建莆仙戏校题字："薪传古剧，心存敬畏。"上款"庆祝蒲仙戏发扬光大"，下款"岁在乙未中元日田青书"。微信留言："蒲仙戏是中国现存最为古老的剧种，今日应邀书此以赠，此八字原书于蒲仙戏校墙上。"

◆8月29日，在北京侨福芳草地参观展览。

◆8月，其博士研究生姚慧创立田青思想馆微信公众平台并担任主编，主要以搜集、整理、传播田青先生的学术创见与追求为宗旨，编辑刊发田青先生的学术论文、文化散文、艺术评论、友人书序等各类文章，内容涵盖非物质文化遗产保护、传统音乐、宗教文

为福建莆仙戏校题字

化等田青先生所涉猎的所有领域，与此同时，平台还将与田青先生有关的他人撰笔和信息咨讯一并纳入，力图面向公众创建一个以最快速度传播推广田青先生最新思想的自媒体平台。

◆8月30日下午，在北京早春书院主持讲座，由吴江主讲《京剧与中国传统文化》。

◆9月1日，在北京光中文教馆拜会佛光山开山星云大师并亲切交流。

◆9月3日，受邀到天安门城楼观看"纪念中国人民抗日战争胜利70周年暨世界反法西斯战争胜利70周年大会"阅兵仪式。

◆9月8日，应邀到中国艺术研究院篆刻院授课。

◆9月10—13日，到四川成都参加"第五届中国成都国际非物质文化遗产节"（以下简称"国际非遗节"），"国际非遗节"由中华人民共和国文化部、四川省人民政府、联合国教科文组织、中国联合国教科文组织全国委员会主办，成都市人民政府、中国非遗保护中心、四川省文化厅承办，成都市文化广电新闻出版局、青羊区人民政府和国际非遗博览园具体执行，于9月11日—9月20日，在四川成都举办，主题为"传承文脉，创造未来"。9月11日上午，在成都国际非遗博览园出席"第五届成都国际非遗节"开幕式。13日，邀请魏明伦到非遗博览园一同参观国际非物质文化遗产博览会。

◆9月18—21日，参加在杭州举办的文化部民族器乐比赛，并担任评委。

◆9月24日上午，在国家大剧院出席"华彩乐章——上海音乐学院民族音乐学科的昨天与今天"专题展览开幕式并发表贺词。

◆9月25日，在武汉华中师范大学音乐学院做题为《传统文化与当代社会》的讲座，并接受华中师范大学副校长彭南生颁发的"华中师范大学客座教授"聘书。

◆9月28日，在湖南浏阳参加"中国·浏阳乙未年秋季祭孔大典"，

1. 在光中文教馆拜会星云大师
2. 和老友魏明伦在一起
3. 在浏阳拜谒谭嗣同故居

1

2

3

同夫人一起在浏阳参加祭孔仪式

为国家级非物质文化遗产——浏阳文庙祭孔音乐授牌并发表讲话。同日于微信留言："今日浏阳祭孔，此处祭孔乐舞为1949年前唯一留存，当年袁世凯登基前曾遣人至曲阜寻觅不得，闻浏阳尚存。业师杨荫浏亦曾关注。"

◆ 9月29日，在浏阳拜谒谭嗣同故居。

◆ 10月，中国昆剧古琴研究会的非遗系列品牌之一"美美与共：古琴对话南音"在天津、沈阳、大连、马鞍山、成都五个城市首次巡演。

◆ 10月1日，探访著名红学家冯其庸先生，相谈甚欢。书"笑不了古今事，看得见去来人"。上款"某古寺弥勒殿联"；下款"乙未中秋田青书"。并于微信留言：假日习书，不亦说乎？

◆ 10月3日，到天津大学出席冯骥才文学艺术研究院建院10周年庆典。

◆ 10月5日，到北京师范大学出席"第七届全国大学生古琴音乐会"。此次活动是在文化部非遗司、中国非物质文化遗产保护中心

1. 探访冯其庸先生

2. 与冯其庸先生在冯宅园内

1. 赠字予十里红妆博物馆馆长何晓道先生
2. 和十里红妆博物馆馆长何晓道先生在一起

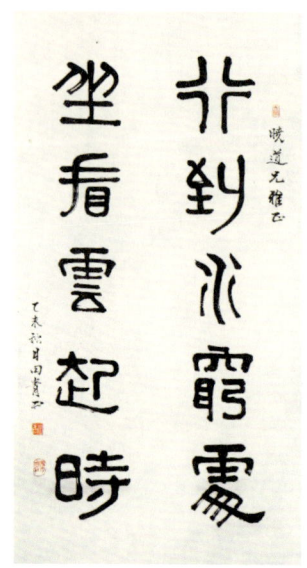

1　　　　　　2

的指导下，由中国昆剧古琴研究会主办，北京师范大学松风琴社承办的古琴文化展示、交流与传播的活动，是中国昆剧古琴研究会"把遗产交给未来"品牌系列活动之一。

◆ 10月6日，到浙江宁波参观十里红妆博物馆。

◆ 10月9—11日，赴广东大埔参加"第八届世界大埔同乡联谊会大埔县广东汉乐汇演比赛及广东汉乐研讨会"，并发表演讲《田青眼中的广东汉乐》。

◆ 10月13日，在中国艺术研究院音乐研究所"惠新讲坛"做"传统音乐与现代化"主题讲座。

◆ 10月14日，"美美与共：古琴对话南音"之天津巡演在天津音乐厅举行。

◆ 10月16日,"美美与共:古琴对话南音"之沈阳巡演在沈阳盛京大剧院(音乐厅)举行。

◆ 10月18日,"美美与共:古琴对话南音"之大连巡演在大连国际会议中心大剧院举行。

◆ 10月16—18日,赴贵州省贵阳市参加"首届孔学堂·国学图书博览会"相关活动。

◆ 10月17—18日,参加中国音乐学院研究生入学考试。

◆ 10月20日上午,在马鞍山市文化馆讲座,主讲非物质文化遗产保护,安徽省16个地市的80多名非遗保护工作人员聆听了讲座。

◆ 10月21日,"美美与共:古琴对话南音"之马鞍山巡演在马鞍山大剧院举行。

◆ 10月23日,在无锡灵山梵宫出席由中国佛教协会文化艺术委员会作为指导单位,城市公共艺术研究中心主办,无锡灵山书院承办,星云文化教育公益基金会作为支持单位的"第二届中国当代佛教艺术展(佛教造像暨雕塑艺术)"开幕仪式并致辞。出席开幕式的还有佛光山佛陀纪念馆馆长如常法师,原建设部副部长、城市公共艺术研究中心专家委员会主任宋春华,中国佛教协会秘书长刘威,中国佛教协会副秘书长卢浔,无锡灵山文化旅游集团有限公司董事长吴国平等。"中国当代佛教艺术展"是城市公共艺术研究中心与中国艺术研究院宗教艺术研究中心于2012年共同创办的佛教文化艺术双年展。该展旨在弘扬展示中华佛教文化魅力,呈现中国当代佛教艺术所取得的成就,是中华人民共和国成立以来规模最大、艺术水准最高的佛教艺术展。

◆ 10月24日,在无锡灵山出席"第四届世界佛教论坛"开幕式,随后陪同星云大师参观中国当代佛教艺术展。

◆ 10月27日，在京出席"龚鹏程学术思想国际研讨会暨北京大学文化资源研究中心文化艺术研究所揭牌仪式"，并与原中国艺术研究院党委书记张庆善共同作为嘉宾代表，分别在开幕式上致辞。

◆ 10月30日，在国家博物馆出席星云大师《贫僧有话要说》"世纪回顾·真情告白"新书发布会。《贫僧有话要说》是由中信出版社出版的星云大师口述作品，星云大师在发布会上发表了主题演讲。

◆ 11月1—2日，参加温州市佛教协会在温州太平寺举行的以"太平盛世，以戒为师"为主题的"弘一大师诞辰135周年系列纪念活动"。2日上午，参加在般若讲堂举行的主题为"弘一大师复兴南

1. 与参加"第二届中国当代佛教艺术展"开幕式的嘉宾合影

2. 在"第二届中国当代佛教艺术展"开幕式上致辞

陪同星云大师参观"第二届中国当代佛教艺术展"

山律学对当代佛教产生的影响及其贡献"的高峰论坛并发表讲话。论坛由浙江省佛教协会会长怡藏法师主持。下午,参加在般若讲堂举行的主题为"我心中的弘一大师"的高峰论坛并发言。论坛由温州佛教协会副会长达照法师主持。

◆11月1日,由中央文史馆举办的"文史翰墨——第二届中华诗书画展"在中国美术馆开展,田青书"不养生而寿;处尘世亦仙"参展。

◆11月7日,在北京早春书院主持讲座,由姜昆主讲《中国曲艺》。

◆11月8—11日,赴福建泉州参加"第十四届亚洲艺术节暨第二届海上丝绸之路国际艺术节",在此期间参加"第三届亚洲文化论坛"。本活动由文化部和福建省人民政府联合主办,于11月8—15日在泉州举行。论坛于11月9—10日举行,来自中国、日本、泰国、柬埔寨、斯里兰卡等13个亚洲国家的逾百名文化界代表云集一堂,就"亚洲文化繁荣共生"进行交流。田青在论坛上发表

1. 由中央文史馆举办的"文史翰墨——第二届中华诗书画展"在中国美术馆开展，田青书"不养生而寿；处尘世亦仙"参展

2. 在北京早春书院主持讲座

3. 考察石狮市南音艺术团

4. 在"第三届亚洲文化论坛"上演讲

1

2

3

4

演讲，呼吁"一带一路"沿线国家共同保护非物质文化遗产，以免在经济融合中发生文化同质化。论坛于10日下午发布《泉州共识》，强调亚洲文化是世界文化不可或缺的重要组成部分。10日，田青赴石狮市考察，走访了石狮市文化馆、博物馆、沙美狮阵武术馆、大闽府等地方，听取了石狮非物质文化遗产保护介绍，欣赏了美

江小学师生什音演奏、石狮市南音艺术团南音表演,并欣然题词"狮吟南音善天下"。

◆ 11月12—14日,赴广东,13日在中山大学"博研·人文讲坛"讲座,题目为《净土天音——佛教音乐纵横谈》。

◆ 11月17日晚,在国家大剧院出席宋飞"'弓弦梦'之中国音画乐舞《清明上河图》情景音乐会"。

◆ 11月19—24日,赴台湾佛光山参加于21—22日举办的"以法相会——宝宁寺、毗卢寺明、清代水陆画展暨学术研讨会",同时参加在佛陀纪念馆举办的"以法相会——宝宁寺、毗卢寺明、清代水陆画展"和"佛光山万缘水陆法会"。在佛光山佛学院做《水陆画的宗教性与艺术性》演讲。

◆ 12月5—7日,由中国昆剧古琴研究会、北京大学中文系、台湾大学艺文中心共同主办的"传统与现代:古琴艺术学术研讨会"于河北省廊坊市新绎贵宾楼成功举办。田青作为主办方中国昆剧古琴研究会会长在开幕式上致辞。为期两天半的研讨会上,来自中国大陆、中国香港、中国台湾和日本、法国等地的琴家以及音乐、文学、历史、物理等领域的专家学者会聚一堂,从各自不同的视角对古琴艺术展开深入研讨。研讨会期间还举办了两场雅集。

◆ 12月9日,在北京光中文教馆参加星云文化教育公益基金会第一届第四次理事会。

◆ 12月12日下午,在北京通州光中文教馆演讲,题目为《人间佛教对传统文化的影响》。

◆ 12月14日,2016届非物质文化遗产保护专业博士研究生张黎黎博士论文开题。

◆ 12月18日，2016届硕士研究生徐梦菲论文开题。

◆ 12月24日—2016年1月4日，参加中央文史研究馆调研团到福建厦门等地调研。

◆ 12月29日，古琴演奏家余青欣因病去世。在其去世前，亲眼见到了由田青题名并撰写前言、中国昆剧古琴研究会负责制作的余

1. 在"传统与现代：古琴艺术学术研讨会"上发言

2. 为中年即逝的琴家余青欣出版曲集并题写书名

青欣古琴专辑《清新致爽》。

◆本年度博士后胡斌出站，陈蓓、徐梦菲两名学生毕业；招收两名硕士研究生：别承红、窦晓晨，一名艺术硕士研究生：高瑜，三位均为非物质文化遗产保护研究专业，一名访问学者：关睿，音乐学专业。

◆年度小结：
1. 本年度中国昆曲古琴研究会举办了多次具有影响力的重大活动：文化遗产日举办"良辰美景·2015非遗演出季"昆曲、古琴展演活动；召开"2015—2016年度昆曲古琴进驻校园活动工作会议"；策划举办"清音·徽风——查阜西先生诞辰120周年暨丽田生琴台考12周年"系列纪念活动；策划举办"美美与共：古琴对话南音"全国巡演活动；举办"传统与现代：古琴艺术学术研讨会"等。
2. 策划举办了"第二届中国当代佛教艺术展（佛教造像暨雕塑艺术）"，并在第四届佛教论坛上展出。
3. 论文集《我的反省与思考》出版。田青的关注重点仍为中国传统文化保护，将非物质文化遗产保护的意义提升至民族复兴的高度。指出要实现"中国梦"，必须从弘扬中国传统文化开始。他将中国传统文化概括为"三根柱子两层楼"，"三根柱子"即儒释道三种文化，它们构成了中国传统文化的核心；两层楼的上一层是指文人创造的精英文化，下一层是更广泛、更丰富，在民间口头传承的文化，这些非物质文化遗产是中华民族的"根与魂"，是中华民族的DNA，是我们民族的标识和符号。要充分认识中华传统文化所包含的全部内容，找到民族自信与自豪感，在不断反思中前进，才能实现中华民族的复兴之梦。①

---

① 田青：《全面认识传统文化的内涵》，《光明日报》2015年12月4日；《弘扬传统文化，实现"中国梦"》，《中国国家博物馆馆刊》2015年第12期。

◆ 本年度著作：

论文集《我的反省与思考》，北京时代华文书局。

《弘扬传统文化，实现"中国梦"》，《中国国家博物馆馆刊》第12期。

《我的反省与思考》，《中国音乐学》第3期。

《流布与融合——中国大运河与非物质文化遗产》，《人文天下》第15期。

《全面认识传统文化的内涵》，《光明日报》12月4日。

2016

◆1月6日晚，在陕西省西安大唐西市出席"2015中华文化人物"颁奖典礼，为古典家具研究者田家青致颁奖词。此次活动由中华文化促进会、凤凰卫视联合主办，大唐西市集团承办，是国内首个专门面向全球华人文化领域年度人物进行表彰的活动，坚持以荣耀的方式表达对华人文化翘楚的关注与敬意。

◆1月8日，出席周和平的博士研究生杨慧子博士论文开题报告会。

◆1月10日，在办公室接受中央电视台记者采访，谈论有关古琴传承与保护的问题。

◆1月16日，在办公室召开中国昆剧古琴研究会工作会议。

◆1月18日，书"觉人之诈不愤于言，受人之侮不动于色，察人之过不扬于他，施人之惠不记于心"。下款"君子四律。乙未冬日田青自铭"。

◆1月21日，在办公室接受中央电视台记者采访。

◆1月22—23日，赴江苏宜兴大觉寺出席星云基金会理事会议。

◆1月26日，用三种字体为周巍峙、王昆衣冠冢墓碑题字"歌声永在"。同日，又书"琴心"二字。跋："琴心者，大清净是。白居易听琴诗曰'一声来耳里，万事离心中。'此之谓也。丁未冬田青书。"

◆1月27日，重为周巍峙、王昆衣冠冢墓碑题字"歌声永在"（篆体），发微信听取大家意见后，改为"歌声永驻"，并记曰："祝各位老师的指点下,又把'在'字改成'驻'了,不知七月满意否?不满意就再改,俺字写得不好,但态度好!"

1. 为周巍峙、王昆衣冠冢墓碑题字:"歌声永驻"

2. 和著名歌唱家王昆在一起

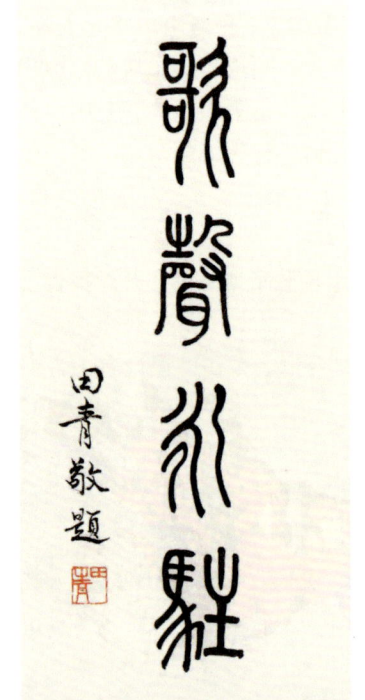

◆1月28日，参加全国政协党外人士建言献策小组座谈会，再次提出为台湾著名传统艺术家命名"国家级非物质文化遗产传承人"，授予妈祖庙"非物质文化遗产保护单位"称号的建议。

◆2月1日，到北京通州光中文教馆（星云文教基金会）出席中国艺术研究院青年雕塑家李亮捐赠的"思维菩萨"安驻仪式。光中文教馆系台湾星云大师创办，门厅三面墙上的《大悲咒》系田青所书。

◆2月1日下午，文化部直属机关党委副书记兼纪委书记何晓娟同志等一行两人到中国艺术研究院看望并慰问了民主党派及无党派人士代表，院党委在研究生院一楼贵宾室组织了慰问仪式及统战人士座谈会。院长王文章、党委书记高显莉、党委副书记兼纪委书记李树峰以及田青、何家英、章柏青、陈醉、吴文科、牛克诚、徐青峰、吴玉霞8名民主党派及无党派人士出席了会议。会议由党委书记高显莉同志主持。

光中文教馆门厅墙上田青书写的《大悲咒》

◆2月6日中午，凤凰卫视《文化大观园》节目播出《王鲁湘采访田青谈春节》（上集）。

微信：得如常法师报告，台湾高雄地震佛光山平安无碍，甚安。记之曰："如常法师报告，今晨高雄地震佛光山平安无碍，巡查回报，除大雄宝殿及华藏玄门轻微水泥块掉落外，其他建筑物外观及道路均无损。阿弥陀佛！"

◆2月8日，为办公室书写春联"花枝春满，天心月圆"，并书"福"字。微信记之曰："弘一法师用八个汉字画尽天地间至美之境，书此并'福'字以赠诸友！"

◆2月9日，除夕下午，中央电视台《2016一年又一年》，播出《田青解读春节民俗》。

◆2月12日，书"池塘自碧"。跋："姜白石有淡黄柳词曰：燕燕飞来，问春何在，唯有池塘自碧。后四字深得禅意，吾甚爱之。丙申初五试笔，青。"

◆2月13日中午，凤凰卫视《文化大观园》节目播出《王鲁湘采访田青谈春节》（下集）。

◆2月14日，书"不问是非，只信因果"。下款"岁在丙申初七田青试笔"。同日，收到剪纸大师刘静兰所寄"福"字，内有吉猴十个，乃十全十美之福。

◆2月16日，到北京广济寺中国佛教协会开会，并参观广济寺佛像、壁画等。

◆2月19日，到中央文史研究馆参加国务院参事、中央文史研究馆馆员新春茶话会。

◆2月20—23日，率黄在敏、崔伟、李春喜等十余名非物质文化遗产专家到泉州调研泉州提线木偶戏保护和传承情况。在泉州期间，观看大型木偶戏《卢俊义》，召开泉州提线木偶戏传承与传播研讨会，参加"戏神"田公元帅祭拜仪式，为泉州傀儡调音乐会揭牌成立仪式亲题会名，全方位地了解泉州提线木偶戏保护和传承工作。3月3日，中央电视台第三套《文化十分》全国"两会"特别节目《十分深度——代表委员在基层》对此进行报道。

◆2月26日，星云大师亲自陪护北齐佛首造像抵达北京首都国际机场，并参加国家文物局举办的"星云大师捐赠北齐佛首回归新闻发布会"。当日，田青到通州北京光中文教馆迎接星云大师，并与大师畅谈。

◆2月27日，中央电视台著名节目主持人张泽群来访，并为之书"听雨"二字。不尽意，又书"观风不如听雨"，下款"丙申春日田

1、2. 在福建泉州木偶剧院参加"春季戏神仪式"，焚香拜祭戏神雷海青（田公元帅）

3. 在泉州调研，上方为田青所题写"傀儡调音乐会"匾额

1

2

3

和星云大师在通州光中文教馆亲切交谈

青书"。微信记之：泽群兄昨日来访索字，嘱写"听雨"。写毕，意犹未尽，遂书此，方家当以为然！

◆3月1日，在国家博物馆出席"星云大师捐赠北齐佛首回归仪式"及"佛光菜根谭——星云书法展"开幕式，展览时间为3月1日起至25日。此次展览历来规模最大，展出作品多达近300幅，展出内容以佛光菜根谭、古德法语为主，如《十修歌》《人生二十最》《陋室铭》《观音灵感歌》等诗歌作品，20幅长卷一字排开，气势恢宏，为星云大师首次曝光的长卷作品。此展由中国国家博物馆、佛光山文教基金会、星云文化教育公益基金会联合举办，是继2013年后，二度在国博展出，同时也是本年度在大陆巡回展的首场。出席开幕式的还有佛光山开山宗长星云大师、侨福建设董事长黄建华、全国政协文史和学习委员会副主任叶小文、全国政协港澳台侨委会副主任陈丽华、凤凰卫视董事局主席兼行政总裁刘长乐、国际佛光会中华总会总会长赵丽云等。

◆3月3—10日，出席全国政协十二届四次会议并列席全国人大十二届四次会议。10日，参加全国政协民族与宗教委员会座谈并发言，再次提议团结两岸艺术家共同保护两岸人民共同祖先留下的非物质文化遗产，促进两岸和平统一。

◆3月3日，中央电视台CCTV-3综艺频道《文化十分》栏目"两会"特别节目，播出《田青委员对泉州木偶的考察情况》。

◆3月6日，中央电视台CCTV-13新闻频道"聚焦'两会'：'两会'同期声"节目播出《田青——两岸联动进行非遗保护》。

◆3月15—21日，参加中央文史馆组织的调研活动，到吉林延边等地调研。

◆3月22日上午，在国家博物馆接受台湾人间卫视采访。

◆3月24日，书"观风不如听雨好，呆坐也比瞎忙强"。下款"丙申春日有感，田青书"。

在中国国家博物馆接受台湾人间卫视采访

◆3月26日，在北京凤凰中心出席凤凰卫视20周年"凤凰感恩夜"活动。

◆3月27日上午，陪同原文化部部长、现政协副主席孙家正及国家博物馆领导一行人前往国家博物馆星云大师书法展区参观，并为其讲述星云大师为社会及两岸所做的贡献。
晚上，在国家大剧院观看"珠落玉盘——吴玉霞与北京交响乐团音乐会"。

◆4月2日，因2008年开胸手术后胸前伤口始终愈合不良，怀疑胸骨上固定用的五根钢丝有排异，遂在安贞医院做门诊手术，拔出其中三根。回家后书"诸法空相"，下款"岁在丙申春日胸襟开阔时，田青"。

◆4月12日，在中国音乐学院国音堂歌剧厅进行讲座，题目为《"优秀传统文化"中包括音乐吗？》，此讲座乃是由中国音乐学院主办，中国乐派高精尖创新中心及中国音乐学院研究生院、教务处共同承办的"中国乐派名家讲坛（第十一期）"。

◆4月15日，中央电视台"发现之旅"频道播出了专题片《谁来影响中国——田青》。

2016年4月15日，央视"发现之旅"专题片《谁来影响中国——田青》

◆4月18日，书"感恩"二字，下款"田青书"。

◆4月19日，丙申年谷雨时节，在恭王府出席"第六届海棠雅集"。

◆4月22日，参加中国艺术研究院研究生院2016级博士研究生入学复试。

◆4月25日，书"天籁"二字，下款"丙申初夏田青书"。

◆4月29日，在研究生院参加余秋雨博士研究生石天然的毕业论文答辩会。

◆5月4日下午，山东鱼山梵呗寺方丈永悟法师来访，赠字两幅，其一为"反闻明自性，耳根妙圆通"，上款"永悟法师嘱"，下款"岁在丙申夏日田青沐手"。其二为"清净声闻止断身口意，欢喜歌赞供养三宝心"，下款"永悟法师嘱，岁在丙申田青敬书"。

◆5月7日，书"漫研竹露裁唐句，细嚼梅花读汉书"。

◆5月9—10日，在中国艺术研究院参加研究生论文答辩。

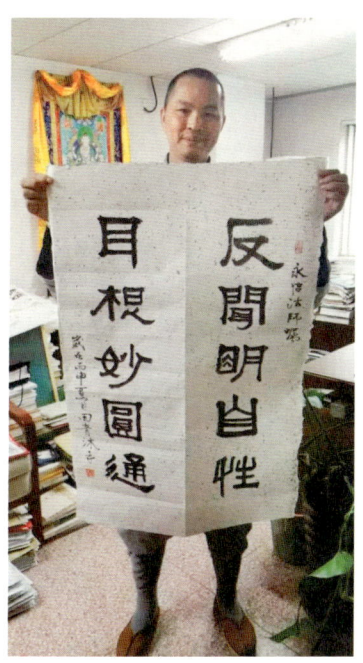 

1、2. 为鱼山梵呗寺方丈永悟法师题字

1　　　　　　2

◆ 5月10日，主持英国学者钟思第在中国艺术研究院的讲座。钟思第为田青老友，自20世纪80年代起其在中央音乐学院进修时即结识，几十年来共同研究、探讨中国民族民间音乐，相互影响，相互学习，彼此欣赏。此次田青特邀其为音乐研究所诸同人及音乐学专业研究生，以山西"晋北道乐"为主题讲述了钟思第长期在山西田野工作的实际研究成果，对我国青年一代音乐学家有极大的启发与鼓励。

◆ 5月14日（农历四月初八），在北京龙泉寺参加2016年佛诞节庆祝活动，本次活动由中国佛教协会主办，诸山长老及各国驻华使节参加。

◆ 5月16日，在京参加2016年度国家社科基金艺术学项目评审会。

◆ 5月20日，在中央文史馆参加李克强总理座谈会。

◆ 5月24日，出席《中华传统文化百部经典》编纂工作会议。此项编纂工程由中宣部支持指导、文化部委托国家图书馆组织实施，遴选中华传统文化中最具代表性的100部经典，萃取精华、赋予新意，深入浅出地进行解读，努力为广大读者提供一套立足学术、面向大众的古代典籍普及读本。编委会由著名学者、中央文史馆馆长袁行霈担任主任委员，田青被聘为编委会成员。

◆ 5月26日，赴陕西省安塞县出席"鼓动天下·中国鼓文化暨中国鼓文化乐园"项目座谈会。

◆ 5月27—30日，赴四川省成都市大邑县千年古镇安仁参加"2016（第三届）安仁论坛"，本论坛由国务院参事室和中华文化促进会主办，以"文化+新型城镇化"为主题，重点就与文化、新型城镇化及华侨城集团在新型城镇化方面的探索等一系列相关议题做研讨。

◆5月27日下午，在民族文化宫做《民族文化的保护与传承》主题报告，此为"民族文化大讲堂"第二十二讲。国家民委专职委员管培俊出席了此次讲座。

◆5月30日，参加2016届非物质文化遗产保护专业硕士研究生孙唯一硕士论文答辩会。

◆5月31日，书"妙法"二字，下款"岁在丙申田青沐手"。

◆6月1—7日，赴云南考察非物质文化遗产。

◆6月4日，赴通州光中文教馆，与慧得法师商讨光中书院的人员安排，推荐中国艺术研究院原常务副院长王能宪为光中书院院长。

◆6月10—13日，6月11日是中国第十一个文化遗产日，由中国昆剧古琴研究会和文化部恭王府管理中心共同推出的经典系列"良辰美景·恭王府2016非遗演出季"于6月10—13日在恭王府大戏楼隆重上演。演出同时在国家图书馆音乐厅进行。"泰山北斗：古琴名家名曲展演"专场，力邀国内最有影响力和代表性的泰山北斗级琴家，为观众带来《欸乃》《流水》《离骚》《醉渔唱晚》《小胡笳》《梅梢月》《墨子悲丝》等经典琴曲；"南昆正宗：昆剧名家经典展演"专场，力邀在海内外极具影响力的昆曲代表性剧院——江苏省演艺集团昆剧院及其代表性艺术家们，展演《西厢记》《玉簪记》《牡丹亭》《钗钏记》等传奇经典中的经典折子戏，全面呈现最能体现昆曲规范性和创造力的艺术造诣。

◆6月12日，中央电视台CCTV-3新闻频道《新闻直播间》节目，播报中国昆剧古琴研究会主办的"良辰美景·恭王府昆剧古琴演出季"活动。

◆6月17日，中央电视台CCTV-3综艺频道《文化十分》节目，播报中国昆剧古琴研究会主办的"良辰美景·恭王府昆剧古琴演出季"活动。

◆6月20日上午,在中国国家图书馆出席《中华传统文化百部经典》编纂工作会议。下午陪同原中国艺术研究院常务副院长、博士生导师王能宪教授至光中文教馆参访,就成立光中书院相关事宜进行商谈,包括聘请王能宪教授为光中书院院长一职。

◆6月21日,在中国艺术研究院研究生院为研究生上课。

◆6月23日,在办公室接待山西左权盲人宣传队来访,并与众人在中国艺术研究院门口合影留念。

◆6月24日,到中央党校出席"纪念中国共产党成立九十五周年暨红军长征胜利八十周年——郭北平重大革命历史题材油画作品展"开幕式。

◆6月24—26日,赴江西靖安宝峰禅寺考察。

在办公室接受左权盲人宣传队来访

和盲人宣传队成员在中国艺术研究院门口合影留念

◆6月25日，在办公室接受陕西电视台纪录片"壁画里的丝路风情"剧组采访并题写片头。

◆6月28日，在中国艺术研究院研究生院为研究生上课。

◆7月4—7日，赴南京出席"金陵刻经处成立150周年纪念会"系列活动。7月5日上午，在大报恩寺遗址公园举行了金陵刻经处成立150周年纪念会，星云大师出席开幕式并做重要开示。出席纪念会的还有国家宗教事务局局长王作安，全国政协民宗委主任朱维群，国家宗教局副局长蒋坚永，中央统战部二局副局长王志刚，江苏省政协主席张连珍，南京市市长缪瑞林，江苏省宗教局局长李国华，省委宣传部部长徐宁，市委常委统战部部长徐锦辉，市政府副市长胡万进，中国佛教协会觉醒副会长、纯一副会长、宗性副会长、刘威秘书长，中国佛教协会副会长兼江苏省佛教协会会长心澄以及澳门佛教理事会理事长健钊长老，中国佛教文化研究所所长楼宇烈先生等特邀嘉宾及中国佛教协会第九届理事会文化艺术委员会全体委员、专家学者等各界来宾共400余人参加系列活动。纪念会由南京市副市长胡万进主持。除星云大师外，南京市市长缪瑞林、中国佛教文化研究所所长楼宇烈、江苏省政协主席张连珍、全国政协民宗委主任朱维群和国家宗教事务局局长王作安分别致辞。7月5日下午，在大报恩寺遗址公园参加"2016佛教非物质文化遗产研讨会"，并做"佛教文化是中国非物质文化遗产的重要内容"主题发言。此次活动由中国佛教协会、南京市人民政府主办，中国佛教协会第九届理事会文化艺术委员会、中国佛教文化研究所、中国艺术研究院宗教艺术中心和南京市文投集团联合承办。在活动期间，田青专门与中国佛教协会秘书长刘威商讨在中国佛教协会成立专门小组，积极开展申报"佛诞节""素斋文化及礼仪"等佛教传统文化为"国家级非物质文化遗产代表作"工作，田青表示将派其博士生参与文本写作。

◆ 7月11日上午，赴天津音乐学院出席国家艺术基金"手风琴艺术民族化推广人才培养项目"开班仪式。出席开班仪式的还有天津音乐学院院长徐昌俊、党委副书记董洪霞、副院长靳学东，天津市文广局艺术处处长张春雨，授课专家代表天津音乐学院教授徐荣坤，中央音乐学院教授曹晓青，空政文工团团长张天宇，解放军

在南京出席"金陵刻经处成立150周年纪念会"系列活动时接受香港记者采访

艺术学院教授杜宁，上海音乐学院教授徐达维，陆军政治工作部文工团国家一级演员杨屹，内蒙古民族艺术剧院国家一级演员张新化以及全国各界手风琴代表出席活动。开班仪式后，田青以《中外音乐文化交流史》为题讲座。

◆ 7月13日，在中国艺术研究院研究生院出席博士后进站面试。

◆ 7月14日，非物质文化遗产保护专业艺术硕士高瑜论文开题。

◆ 7月16—19日，赴泰国清迈出席"第三届亚洲佛教文化节"，艺术节于7月17日在泰国清迈香格里拉酒店开幕。本届亚洲佛教文化节开幕式邀请了柬埔寨法相派大僧王布格里长老，柬埔寨大宗派大僧王狄旺长老，缅甸佛教僧伽大导师委员会主席库玛拉·毕万萨长老，斯里兰卡第二十二任阿斯吉利教派僧王瓦拉卡够达长老，泰国最高僧伽委员会委员颂德·帕普特达佳长老，泰国僧伽委员会委员、本届文化节组委会主席拍蓬美提长老，中国广东省佛教协会副会长、广东四会六祖寺方丈大愿法师，韩国天台宗总务院院长春光长老，老挝佛教协会副主席、老挝副僧王包玛·西马冯长老，孟加拉国佛教比丘会副僧王、主席巴纳思裹长老，蒙古国佛教协会主席丹丁苏仁·拉桑多吉长老，韩国东奉法师，墨西哥佛法寺南迪森纳长老，中国明良法师、登觉法师、弘隆法师、德超法师等诸山长老。田青以《社会转型中佛教音乐能做些什么》为题，以佛教在泰国的发展和社会影响为例，深入阐述了中泰两国在现代化过程中文化所起到的不同作用，提出佛教文化促进社会和谐的命题，鼓励与会人员努力弘扬佛教文化，充分发挥佛教音乐在中华民族伟大文化复兴中的作用。

◆ 7月21日，赴广州审查广东省赴台湾"非遗展演"节目。

◆ 7月24—26日，赴新疆师范大学音乐学院讲学，并拜谒周吉墓。

1. 在泰国清迈"第三届亚洲佛教文化节"上致辞

2. 在泰国清迈"第三届亚洲佛教文化节"上向东道主赠送书法作品

3. 与出席泰国清迈"第三届亚洲佛教文化节"的相关人员合影

4. 在新疆师范大学音乐学院周吉雕像前与老友合影留念

1

2

3

4

◆7月29日，与冉霏一起到北京通州光中文教馆拜访，就光中书院成立事宜及未来各项活动的开展进行商谈。

◆7月30日—8月6日，参加中央文史研究馆组织活动，携夫人赴厦门度假。

◆8月14日，因读稼轩诗，有感而书"血性汉子"。上款"佛印曾语东坡曰三世诸佛则是一个血性汉子"，下款"丙申初秋田青书"。

◆8月15—19日，在中央文史研究馆参加座谈。

◆8月22—25日，赴山西太原在山西艺术学院讲课。

◆8月24日，在江苏宜兴大觉寺参加星云文化教育公益基金会举办的"中华传统文化交流暨《人间佛教回归佛陀本怀》新书发布会"。《人间佛教回归佛陀本怀》由人民出版社、宗教文化出版社共同出版。星云大师口述，弟子笔录，分为总说、佛陀的人间生活、佛陀人间的根本教义、佛教东传中国后的发展、当代人间佛教发展的现状和总结6章，约14万字，全面记录了星云大师对佛教古今、未来的看法。与会嘉宾还有原国家宗教局局长叶小文、国务院台湾事务办公室联络局副局长李勇、江苏省政协主席张连珍、原文化部副部长赵少华、宜兴市市委书记沈建、国际佛光会世界总会荣誉总会长吴伯雄、人民出版社常务副社长任超、国家新闻出版广电总局资讯中心副主任柯尊金、江苏省台办主任杨峰、南京博物院院长龚良、上海交通大学副校长张安胜、宗教文化出版社总编辑史原朋、同济大学副校长方守恩、浙江大学副校长罗卫东、上海师范大学副校长葛卫华、扬州大学副校长陈国宏、苏州博物馆馆长陈瑞近、广东省文史研究馆副馆长麦淑萍、南京大学中华文化研究院院长赖永海等人。

◆8月29—31日，赴贵州省黔西南布依族苗族自治州进行非遗扶贫考察。回京后，针对政府建房将大批苗族、布依族山民搬迁事以全国政协委员名义建言：如何让祖祖辈辈居住在大山里的少数民族在搬迁后安居乐业，让古老的非物质文化遗产随他们下山，"搬出文化"，进入社区，进入新生活，是一个行之有效的手段，意义深远：

1. 非物质文化遗产是他们的精神家园，异地搬迁不能割裂他们与历史、与传统、与本民族悠久文化的联系，而应该努力帮助他们在异地重建自己的精神家园。
2. 非物质文化遗产是他们感情的寄托和亲情的纽带，也是他们心中最珍贵的记忆，尽量做到在搬迁中不破坏原有社区的基本社会结构，尽量保证他们原有的血缘和亲属关系在新社区里还有紧密的联系，不仅有助于减弱他们对新生活环境的陌生感，更有助于他们"在新环境里重振旧手艺"。
3. 非物质文化遗产中的"手工技艺"，不但是他们世代传承的"旧手艺"，而且可以在传承的基础上、在不改变文化基因的情况下求得新发展、大发展。与其让搬迁下来的年轻人去学习电焊、理发、开车，不如让他们组织起来，把竹编、草编、石艺、木艺、民族饮食等非物质文化遗产带出来，面对大市场，成规模地开发文化创意产品，其中布依族、苗族的"十万绣娘"，是一支了不起的致富力量，只要能够开发出适销对路、既有民族特色又有新颖创意的产品，在异地搬迁之后的老百姓，一定能过上一种延续着历史与传统、记得住乡愁、看得见希望、握得住幸福的现代生活。为此，田青建议中国艺术研究院与黔西南州结成"一帮一"、共同扶贫的"对子"，共同创造一种"非遗扶贫"的新模式，号召国家级非遗保护专家、艺术家从非遗扶贫的角度参与国家扶贫大业。

◆8月，做客凤凰卫视"崛起新丝路·凤凰陕西专访"栏目，回答记者提出的有关"一带一路"与传统文化"三根柱子两层楼"、非遗保护的关系问题，认为"一带一路"不仅是经济之路、商贸之路，还是文化之路、信仰之路、思想之路。

在贵州考察

◆9月4日，上午为琵琶演奏家章红艳与日本能乐"人间国宝"大仓即将举办的音乐会题字"西域流光"。下午为中央音乐学院教授和云峰题字"云峰音乐书屋"。

◆9月8—14日，赴台参加"守望精神家园——第三届两岸非物质文化遗产月"系列活动。此次活动由中华文化联谊会、广东省文化厅主办，广东省非物质文化遗产保护中心承办，威京集团·财团法人沈春池文教基金会合作举办。开幕式于9日下午举行，广东省文化厅副厅长张奕民，中华文化联谊会理事何婕以及威京集团·财团法人沈春池文教基金会和台湾文化界嘉宾等出席了开幕式。此次活动以"广东省非物质文化遗产"为主题，从9月9日至9月28日，连续在台北市、新竹县举办"瑰丽岭南——广东非物质文化遗产展览""岭南风情——广东非物质文化遗产演出"等活动，充分展现独具特色的岭南文化和广东对传统文化保护传承的丰硕成果。

◆9月16日,为武汉音乐学院音乐学系成立30周年题字"钟声浩荡",上款"武汉音乐学院音乐学系卅周年庆",下款"丙申秋日田青敬贺"。

◆9月21日晚,去国家大剧院参加"飞跃巅峰——宋飞与北京交响乐团音乐会",并为音乐会写序。

1. 为在台湾举办的"广东非物质文化遗产展"揭幕

2. 在"广东非物质文化遗产展"开幕式后接受记者采访

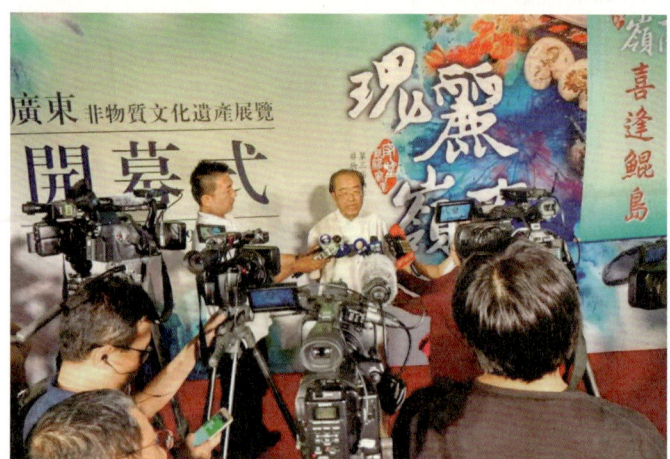

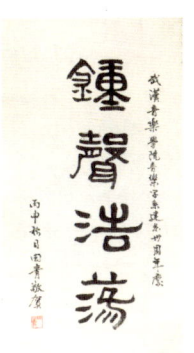

1. 在"广东非物质文化遗产展"开幕式上致辞
2. 为武汉音乐学院音乐学系成立三十周年题字"钟声浩荡"

◆ 9月21—22日，赴甘肃嘉峪关市参加"第五届中国（嘉峪关）国际短片展演高层论坛"，发表《纪录片与非遗保护》主旨讲演。中国（嘉峪关）国际短片电影展创办于2012年，以评选展映国内外优秀纪录片为主要内容。

◆ 9月23—24日，在中央电视台为"第一届中国民歌大会"补录"第二现场"点评。

◆ 9月25—27日，赴贵州省贵阳市参加"文脉诗心——第七届两岸汉字艺术节"，并在"汉字艺术与中华文化"主题研讨会上演讲《从"五四"反传统到"文化复兴"》。本届汉字艺术节开幕式于9月26日在贵阳孔学堂举行。本次活动是由中华文化联谊会支持，中国艺术研究院院长、中国非物质文化遗产保护中心主任连辑，贵州省人民政府副省长何力，台湾中华文化总会秘书长杨渡，贵阳市委常委、市委宣传部部长兰义彤出席开幕式。孔学堂文化传播中心党委书记、理事会理事长徐圻主持开幕式。中华文化总会主办，中国艺术研究院文化发展战略研究中心、贵阳孔学堂文化传播中心承办。

1. 在"第五届中国（嘉峪关）国际短片展演高层论坛"上发表演讲

2. 出席"第五届中国（嘉峪关）国际短片展演高层论坛"

3. 出席"第七届两岸汉字艺术节"，在"汉字艺术与中华文化"主题研讨会上发表主题演讲

1

2

3

◆ 9月28日，拜访北京通州光中文教馆，关心光中书院办理进度，并表示会协助礼请文化艺术界的相关专家学者来馆演讲。

◆ 10月2—9日，中央电视台连续8天在黄金时间播出《中国民歌大会》，田青点评均为后期补录。《中国民歌大会》是中央电视台制作播出的民歌竞技类节目，由朱军、董卿担任主持人。节目以"讲好中国故事，唱响时代赞歌"为主题，以弘扬社会主义核心价值观、传承中华优秀传统文化为主线，以中华民族民间原生态歌曲为内容主体，向观众全方位展示中国民歌艺术的魅力。《中国民歌大会》

在中国民歌大会上进行点评

共分为八期,节目于10月2日起每晚20:00在中央电视台综合频道(CCTV-1)首播,21:30起在中央电视台综艺频道(CCTV-3)重播,于10月9日收官。

◆10月15—16日上午,由中国昆剧古琴研究会、中国艺术研究院戏曲研究所主办,新绛文化集团、新绛七修书院酒店协办的"传统与现代——中国昆曲艺术保护与发展国际学术研讨会"于廊坊七修书院酒店举办。此次会议汇聚了中国及美国的老、中、青三代专家学者共30余人,是一场有深度、高质量、有态度的昆曲艺术学术研讨会。开幕式上,中国昆剧古琴研究会田青会长、新奥集团金永生常务副总裁以及中国昆剧古琴研究会孙旭光副会长分别致辞。与此同时,"雅乐正声——首届全国昆曲曲社曲友雅集"也拉开了帷幕,来自中国及美国共18个曲社的老、中、青三代曲友参加。17—18日,"曲友雅集"在恭王府大戏楼演出。

◆10月20日,在北京光中文教馆参加星云文化教育公益基金会第一届第六次理事会。

◆10月25日,赴南京出席2016南京历史文化名城博览会。博览会

1. 在恭王府主持"雅乐正声——首届全国昆曲曲社曲友雅集"活动上致辞

2. "雅乐正声——首届全国昆曲曲社曲友雅集"恭王府演出以后，与演职人员合影留念

3. "传统与现代——中国昆曲艺术保护与发展国际学术研讨会"现场

与"传统与现代——中国昆曲艺术保护与发展国际学术研讨会"与会代表合影

于23日晚开幕，26日结束。26日参加本次博览会两大平行论坛之一的"文化传承和创新国际论坛"，并从非物质文化遗产的角度发表主旨演讲。

◆10月27日，参加中国艺术研究院职称评审会议。

◆10月30日，参加星云基金会理事会。晚上到国家大剧院音乐厅欣赏鲍元恺作品音乐会。

◆10月，在办公室接受中华佛文化网专访，谈佛教艺术是促进"一带一路"文化交流的纽带。并写下"弘法之舟"四个字相赠，同时寄语中国网："做弘扬、传承中华佛教文化艺术的航空母舰。"

◆11月2—3日，在北京职工之家饭店会议厅出席"两岸和平发展论坛"，参加文化组讨论。本次论坛由两岸20家民间团体共同主办，两岸各界人士200多人出席，围绕政治、文化、社会等5项议题进为中华佛教文化网题写"弘法之舟"

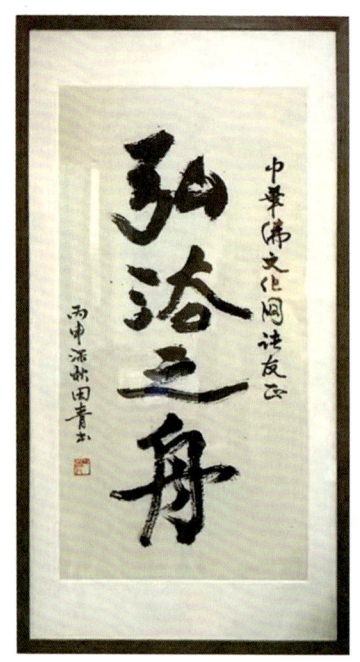

行分组研讨。

◆11月4日晚,在中山公园音乐堂欣赏"西域流光——章红艳大仓正之助琵琶·鼓音乐会"。

◆11月11日上午,在中央音乐学院演奏厅举行"文化与沟通:音乐的民族性与世界性"主题讲座,讲座由和云峰教授主持。该讲座为"2016中国民族民间音乐周(11月10—14日)"特邀主旨讲演。当天,还为鲍元恺的讲座"从'洋为中用'到'中为洋用'"担任主持,并进行点评。"2016中国民族民间音乐周"由中央音乐学院主办,每两年举办一次。

◆11月13—15日,赴广州星海音乐学院参加"赵宋光先生前沿学术思想研究暨南北民间音乐欣赏会"。为庆贺我国当代著名音乐理论家、星海音乐学院前院长赵宋光先生85周年华诞及从事音乐艺术研究65周年，由中国音乐家协会、广东省文联和星海音乐学院共同主办，广东省音乐家协会、广东省文艺研究所、星海音乐学院音乐研究院承办的"音乐之魂的构建——赵宋光前沿学术思想研究暨南北民间音乐呼应欣赏会"在星海音乐学院举行。中国音乐家协会副主席兼理论委员会主任赵塔里木，广东省文联副主席李劲堃，全国政协委员、中央文史馆馆员田青，福建省政协前副主席、福建师范大学教授王耀华，星海音乐学院党委书记王秀明、院长唐永葆、副院长周广平、蔡乔中出席研讨会。出席研讨会的还有刘索拉、张小夫、谢嘉幸、韩锺恩、宋瑾、李玫、王小

1. 在"2016中国民族民间音乐周"上演讲
2. 对鲍元恺先生的讲演进行点评
3. 与赵宋光先生在星海音乐学院对谈

盾、高佳佳、郭树群等100多位来自全国各地的专家学者。

◆11月21日，接待台湾文化资产保护基金会董事长李斌、秘书长朗蔚来访。

◆11月22日，到通州光中书院参加活动。

◆11月23—24日，赴广东省潮州市参加开元寺水陆法会，24日在韩山师范学院讲授《传统文化与现代化——非遗保护的必然性与必要性》。此次活动是韩山师范学院与韩山书院共同举办的"韩江讲堂学术周（第三季）"活动。

◆11月26—27日，赴上海参加"中国音乐发展的现状、问题与对策暨纪念'兴城'会议30周年高峰论坛"。此次论坛于11月25—27日在上海音乐学院举办，由上海音乐学院贺绿汀中国音乐高等研究院承办，上海音乐学院音乐学系、作曲系、科研处、音乐研究所协办。田青参加了"中国传统音乐文化在当代的命运"议题组，并发表自己的观点，认为过去100多年的现代化对传统文化是一个劫难，其中既经历了"被动"的毁灭，也遭遇了自觉自愿的抛弃，其结果是，在经济飞速发展的同时，大量传统音乐文化迅速消亡。而保护包括传统音乐在内的非物质文化遗产，复兴传统文化是当务之急，也是中华民族伟大复兴的必要过程和重要内容。

◆11月28日，应邀到浙江宁波天一阁讲座，主题为"传统音乐文化与当代中国"。并题字"说好话，做好事，存好心"，下款"此为星云大师嘱咐，田青丙申冬日"。

◆11月29日—12月3日，在北京人民大会堂出席中国文学艺术界联合会第十次全国代表大会。

◆12月7日，在办公室接待台湾佛光山如常法师来访。

同日，在中国艺术研究院出席中国艺术研究院（中国非物质文化遗产保护中心）与贵州省黔西南布依族苗族自治州政府签署《非物质文化遗产保护与文化扶贫合作协议》签约仪式。以推进贵州省黔西南布依族苗族自治州异地扶贫搬迁工作，将异地扶贫搬迁与保护、利用非物质文化遗产有机结合，创新扶贫开发方式。出席签字仪式的还有中国艺术研究院院长、中国非物质文化遗产保护中心主任连辑，中国艺术研究院常务副院长吕品田、副院长牛根富，中国非物质文化遗产保护中心常务副主任罗微，贵州省黔西南布依族苗族自治州州委书记张政、副州长黄曼以及州委州政府相关部门的领导等。签字仪式由黔西南布依族苗族自治州政府副秘书长魏晓双主持。此事由田青倡议并积极推动，收到社会各界尤其是贵州省黔西南州政府与民众的热烈拥护和支持。

◆12月10—12日，参加国家级非物质文化遗产传承人评审会议，11日参加李希凡90大寿私宴。

◆12月11日，参加中央音乐学院主办的"中国民族民间音乐周"活动，应邀发表名为《文化与沟通：音乐的民族性与世界性》的主旨演讲，针对当下娱乐节目滥用文化遗产等现象，提出"保护文化遗产，首先要敬畏，不可随意篡改"。

◆12月13日，参加在中国艺术研究院举行的《昆曲艺术大典》首发式。本次首发式由中国艺术研究院与安徽出版集团时代出版传媒股份有限公司联合主办，中宣部、文化部、国家新闻出版广电总局、中国艺术研究院、安徽省委宣传部的相关领导，戏曲界、学术界、出版界的专家学者，《昆曲艺术大典》的编纂方和出版方代表以及相关媒体记者近百人出席了首发式。为了更好地研究、保护和传承昆曲艺术，2004年，中国艺术研究院启动了《昆曲艺术大典》编纂工程，时任中国艺术研究院院长、博士生导师、研究员王文章担任总主编，领导并参与全程编纂，周巍峙、郭汉城、刘厚生、顾笃璜等担任总顾问，参与规划指导。12年间，先后有百余位大陆及港澳台地区老、中、青专家学者及出版工作者参与编纂和出版工作。该项目被列入《国家"十一五"时期文化发展规划纲要》的重要文化遗产保护出版项目,原国家新闻出版总署"十一五""十二五"重大出版工程项目。项目由时代出版传媒股份有限公司暨安徽文艺出版社出版。

◆ 12月15日,在办公室接待中华佛教网记者采访。

◆ 12月25日,到通州光中文教馆参加2016年光中文教馆岁末义工团圆餐会并致辞。

◆ 12月29日上午,在北京光中文教馆参加光中书院第一届第一次理事会议,由其提议的聘请王能宪教授为北京通州光中书院院长一职的提案得到与会理事一致同意并决议通过。

◆ 本年度孙唯一、邬玮砾、关睿(访问学者)三名学生毕业;招收一名非物质文化遗产保护研究方向博士研究生高斯琦。

◆ 年度小结:

1. 本年度参加了多项"文化"统战工作:参与策划"星云大师捐赠北齐佛首回归"及"佛光菜根谭——星云书法展",并在参加"两会"时提出"两岸联动进行非遗保护",指出"非遗保护应开阔视野,联动海峡两岸力量,形成优势互补的保护新机制",希望把非遗保护发展成促进两岸和平统一的纽带,建议"选择有条件、有影响、有愿望的台湾艺术家和手工技艺传承人,授予'国家级传承人'的称号并享受同等待遇";赴台参加"守望精神家园——第三届两岸非物质文化遗产月"系列活动;参加"'文脉诗心'第七届两岸汉字艺术节"活动;出席"两岸和平发展论坛"等。

2. 利用电视媒体等,宣传非物质文化遗产保护,并到各地调研非遗保护工作,尤其关注贵州黔西南地区的非遗扶贫工作。提出黔西南在解决贫困搬迁问题时,让古老的非物质文化遗产随搬迁群众下山，进入社区，进入新生活，因为非物质文化遗产是山里群众的的精神家园，异地搬迁不能割裂，同时也是搬迁群众感情的寄托和亲情的纽带，是他们心中最珍贵的记忆，有助于他们更好地融入新的社区。同时，非物质文化遗产中的"手工技艺"，不但是搬迁群众世代传承的"旧手艺"，而且可以在传承的基础上、在不改变文化基因的情况下求得新发展、大发展。

3. 中国昆剧古琴研究会举办了"良辰美景·恭王府2016非遗演出季"昆曲、古琴展演活动及"传统与现代——中国昆曲艺术保护与发展国际学术研讨会"，探讨昆曲艺术在当前社会的传承问题。

4. 赴泰国清迈出席"第三届亚洲佛教文化节"，发表了《社会转型中佛教音乐能做什么？》的主题演讲，提出应通过佛教音乐来弘法，促进社会的进步与和谐。

5. 作为点评嘉宾点评"第一届中国民歌大会"，其精彩点评吸引众多观众关注中国民歌。指出民歌由历代劳动人民集体创造，仅靠口头传承，是中华民族传统文化的根基之一，而包括民歌在内的非物质文化遗产，则是整个中华民族精神的DNA。他认为央视推出民歌大会意义有两点：一是延续了中华民族伟大历史文明，二是增强了民族凝聚力。从"中国民歌大会"里，不仅可以看到中华民族优秀的文化历史，而且通过这些经过时间检验的、祖先所创造的精神文明能够很好地产生对中华民族精神的向心力。

6. 论文集《捡起金叶二集——田青非遗保护研究文集》出版，承接2010年出版的《捡起金叶》，是有关非物质文化遗产保护的又一力作。

◆ 本年度著作：

论文集《捡起金叶二集——田青"非遗"保护研究文集》，文化艺术出版社。

《聆听母亲的心跳》，《人民日报》11月4日。

《让民歌代代相传》，《中国政协》第20期。

《社会转型中佛教音乐能做什么？》，《艺术评论》第10期。

《中国传统文化内涵探析》，《遗产与保护研究》第5期。

《佛教文化是我国非物质文化遗产的重要组成部分》,《法音》第7期。
《把非遗保护做成促进两岸和平统一的纽带》,《中国艺术报》3月11日。
《非遗脱贫大有可为》,《黔西南日报》11月2日。
《古琴艺术与非遗保护》,《人民政协报》12月26日。

2017

◆ 1月9日,参加博士后银卓玛出站答辩会。

◆ 1月11日,赴深圳出席"2016中华文化人物"颁授典礼,并为文物修复师王亚蓉颁奖。此次活动由中华文化促进会、凤凰卫视联合主办,深圳华侨城文化集团承办。

◆ 1月20—22日,到贵州省黔西南州异地扶贫搬迁安置点义龙新区马别社区对搬出文化进行调研,进一步落实中国艺术研究院与黔西南州签订的文化扶贫协议并观看族群戏剧《布依八音》,对黔西南州把国家级非物质文化遗产搬上舞台的做法给予高度认可。22日,得知著名红学家冯其庸先生去世。

◆ 23日,去冯其庸家拜祭,回来后写诗悼念冯其庸先生:"文承千

出席"2016中华文化人物"颁授典礼,并为文物修复师王亚蓉颁奖

载诗书画，足行万里海天沙；红楼绮梦原瓜饭，农家自古出大家。"下款"丙申腊月廿六，赴冯其庸老 灵堂祭拜归来书此寄哀 田青泣写"。微信记之：冯其庸老昨日走了，今赴冯宅吊唁后书此寄哀。"瓜饭楼"为冯老书斋名，冯老出身农家，才情出众，诗书画俱佳，虽以红学家名世，然多有所能，堪称当代一大家。

◆ 2月7日，在文化部参加非物质文化遗产保护工作会议。

◆ 2月9日，习篆书王阳明语"此心光明"。跋："王阳明临终时，学生乞遗训，先生曰：'此心光明亦复何言？'丁酉春日田青习篆。"

◆ 2月10日，参加国务院参事室新春茶话会。书"心系家国"。

◆ 2月14日，为藏曦题字："琴香宜独守，诗酒趁年华。"上款"藏曦存正"，下款"丁酉初春田青书"。

◆ 2月19—20日，在京参加新闻出版署评奖活动。

◆ 2月20日，到北京通州光中文教馆开会。

◆ 2月22—25日，到江苏吴江、昆山等地考察，先期考察了吴江滨湖新城和特色小镇的建设，后又到苏州吴江清音昆曲社参观了顾氏家族馆、书画展示馆、昆曲馆，并为曲社题写了社名"清音社"，为过云楼题写"云过文心在，千古顾家风"，下款"丁酉初春拜访过云楼敬题 田青"。在昆山，为巴城题写"昆曲小镇"，并观看了俞玖林工作室演出，最后参加了"玉山草堂雅集活动"。

◆ 3月2日上午，在北京光中文教馆参加光中书院第一届第二次理事会议，由其提议的2017年光中文化讲座演讲安排专案得到与会

1. 为昆山巴城题字"大美昆曲"

2. 为吴江清音昆曲社题写社名"清音社"

3. 在昆山考察

理事一致同意并决议通过,并受邀作为光中文化讲座第一位主讲人,预备于4月23日主讲《佛教与中国文化》。下午,在北京光中文教馆参加星云文化教育公益基金会第一届第七次理事会议,由其提议的"中国古琴大师台湾演出"案得到与会理事一致同意并决议通过。

◆3月3—13日,出席全国政协十二届五次会议并列席全国人大十二届五次会议,提交《关于发挥非物质文化遗产作用的新思路》的政协提案:首先,非遗助力扶贫攻坚,让"异地搬迁"带"非物质文化遗产"下山;其次,非遗促进两岸文化交流、和平统一,利用非遗对台湾民众尤其是青年一代进行中华文化的普及和教育,扭转"去中国化"一代对中国大陆的偏见,是促进两岸文化交流及和平统一的重要手段。此外,还提出了"关于设立国家记忆中心的提案",建议将国家图书馆"中国记忆项目中心"定为国家记忆工程中心,成为专门的记忆机构,以采集、保存、服务的标准规范,实现专业化和一体化的记忆资源建设,服务于国家利益。其间,作为全国政协民族宗教专业委员会委员,在小组讨论及记者采访时,还提出积极倡导"佛诞日"申报国家级非遗项目;用木卡姆艺术对抗宗教极端势力不许歌舞的反人类罪行,让非遗发挥积极的维稳作用;从对今天依然有指导意义的传统宗教教义和理论中提炼出构建当代道德体系的理论基础等。

◆3月16—18日,赴广西电视台参与录制"2017'壮族三月三·八桂嘉年华'《我要上三月三》展演节目",并担任评委。此节目乃是为24日举办的"三月三"现场直播《唱游歌海——2017"壮族三月三·八桂嘉年华"民歌大汇演》做准备。17日下午在广西马山听唱"马山三声部民歌"。

◆3月21日,在北京广化寺内做主题报告,此活动是北京佛教文化研究所在什刹海书院举办的"佛教与中国文化"专题讲座。北京市佛教协会副会长、北京广化寺住持、北京佛教文化研究所常务副所长怡学法师、清华大学道德与宗教研究院副院长、北京佛教文化研究所执行副所长圣凯法师，广化寺监院、北京佛教文化研究所办公室主任定明法师，中国佛教协会于长青、澄龙法师，中国佛教图文馆法师，北京佛教文化研究所法师及居士到场听讲。会后，指导圣凯法师为首的中国佛教协会国家级非物质文化遗产项目申报小组的文本写作。

◆ 3月21日下午，与著名笛子演奏家刘森一道拜访智化寺。参观了智化寺的古建，欣赏智化寺京音乐，并题字"梵音海潮音，胜彼世间音"。随同的CCTV记者为其拍摄专题纪录片。智化寺工作人员王娅蕊、王辉以及智化寺京音乐国家级代表性传承人胡庆学陪同。

◆ 3月27日—4月1日，随全国政协调研组赴广西、山东等地考察，并在山东参观孔庙，在孔府代表全国政协调研组题字"文传百代，光耀万邦"。

出席全国政协会议并发言

1. 在广西马山听唱"马山三声部民歌"
2. 在广化寺讲座
3. 在智化寺考察京音乐
4. 在友谊关前
5. 在山东考察时，为孔庙题字"文传百代，光耀万邦"

1

2

3

4

5

◆4月1日，在山东考察期间，与中国文学艺术界联合会前书记胡振民题诗互贺。并云："文联前书记胡振民退后心态甚佳，自书诗曰：'人生七十鬼为邻，能助人时且助人。莫待驾鹤西归日，灵前清冷伴孤魂。'我和之并互赠：'莫惧七十鬼为邻，拆墙便是一家人。啥时请来啥时去，不请还做快活人。'"

◆4月5日，在京录制山西卫视《歌从黄河来》节目。

◆4月6—9日，到浙江奉化参加"中华文化四海行——走进奉化暨太湖世界文化论坛"活动。4月8日下午，在雪窦寺讲座，题目为"佛教与中国文化"。奉化区委常委、宣传部部长邵方毅主持讲座，副区长陈彩凤与社会各界人士共同聆听讲座。

◆4月12日，在中国音乐学院国音堂歌剧厅做《"优秀传统文化"中包括音乐吗？》主题讲座，该讲座属于由中国音乐学院主办，中国乐派高精尖创新中心及中国音乐学院研究生院、教务处共同承办的"中国乐派名家讲坛（第十一期）"。

在雪窦寺讲座现场

◆4月13日，中国艺术研究院音乐研究所"惠新讲坛"更名为"杨荫浏讲坛"，主讲第一讲《杨荫浏的遗产》。

◆4月14日，在中国艺术研究院研究生院参加2017年博士研究生入学专业面试。

◆4月15日，在深圳图书馆为"深圳市民文化大讲堂"讲授《传统文化与当代中国》。"深圳市民文化大讲堂"是由中共深圳市委宣传部、深圳市社会科学联合会、深圳市文学艺术界联合会、深圳市文体旅游局、深圳广电集团、深圳报业集团、深圳出版发行集团联合主办，六区区委宣传部、光明新区党工委、坪山新区党工委、深圳大学、深圳职业技术学院、深圳信息职业技术学院协办，深圳市社会科学联合会和深圳图书馆承办的大型公益性文化活动。

◆4月18日，到全国政协进行讲座。

◆4月19日，应湛如法师邀请在北京横山书院多闻多思系列学术公益讲座"中西之间 —— 多维视角下的文化交流"系列主讲《佛教音乐 —— 中外交流的津梁》。2017年度多闻多思系列学术公益讲座"中西之间"系列由中国教育电视台、横山书院联合主办，北京

在"深圳市民文化大讲堂"讲座

横山公益基金会协办,也是继"史识悠远"系列、"诗意栖居"系列、"哲思问道"系列、"丝路花雨"系列之后,横山书院又精心推出的年度文化大课题,致力探讨多维视角下的中西文化交流,以助力文化事业长足发展。

◆4月20日,在中国艺术研究院研究生院为研究生上课。

◆4月22日,书"不忘初心"。跋:"初心者,天然之心也,光明之心也,未染之心也,恻隐之心也,此心即佛心也。田青书。"

◆4月23日下午,作为理事长参加北京通州光中书院揭牌典礼并致辞。参加揭牌仪式的嘉宾还有光中书院院长王能宪教授、星云文化教育公益基金会秘书长张静之女士、《人民日报》原驻美首席记者刘爱成先生、光中书院理事迟重瑞老师、光中书院理事任静老师、佛教在线总干事安虎生先生、台湾汉唐乐府创始人陈美娥女士、天津市马来西亚归侨联谊会会长林杰女士、东方出版社社长姜云松先生等。光中书院由星云大师创办,旨为弘扬中国优秀传统文化,促进两岸统一和文化交流,为研究佛教文化,特别是人间佛教思想研究做出贡献,实现社会和谐、世界和平和中国梦的实现贡献力量。揭牌仪式后,在光中书院做首场主题为《佛教与中国文化》的文化讲座。

在光中书院做首场演讲后,接受小听众献花

1. 在光中书院接待高希均、王力行来访

2. 参加北京通州光中书院揭牌仪式

◆4月24日，在办公室接受中央电视台记者采访。

◆4月25日，在北京光大银行总部讲座，主题为《传统文化与当代中国》。

◆4月27日上午，在中国艺术研究院研究生院为研究生上课，主讲《宗教音乐与非遗》。

◆4月30日上午，在北京光中文教馆接待天下文化事业群创办人高希均教授、发行人王力行女士一行,为其介绍光中文教馆及光中书院,并就两岸佛教发展情况进行交流。

◆5月1日,书"尽日寻春不见春,芒鞋踏破岭头云。归来偶把梅花嗅,春在枝头已十分"。下款"唐代无尽藏比丘尼悟道诗丁酉田青书"。

◆5月3日(农历四月初八),在北京灵光寺参加2017年佛诞节庆祝活动,瞻仰佛牙舍利。中国佛教协会副会长胡雪峰喇嘛、帕松列龙庄勐长老、演觉法师先后率领藏传、南传、汉传佛教僧众在佛牙舍利塔下诵经礼佛,祈愿正法久住,佛日常辉,风雨以时,国泰民安,世界和平。柬埔寨、老挝、缅甸、尼泊尔、斯里兰卡五国驻华大使及泰国、越南驻华使馆代表出席活动。继续敦促中国佛教协会申遗小组尽快完成《佛诞节》申遗文本。

◆5月5—8日,在西安音乐学院参加"纪念黄翔鹏先生诞辰90周年暨逝世20周年学术研讨会"。此次研讨会由西安音乐学院、中国艺术研究院音乐研究所、武汉音乐学院、福建师范大学音乐学院联合主办,西北民族音乐研究中心承办,湖北省博物馆、中国博物馆协会乐器专业委员会协办。

1

2

1. 在浴佛节仪式上浴佛
2. 参加"纪念黄翔鹏先生诞辰90周年暨逝世20周年学术研讨会",左起:韩锺恩、韩宝强、张振涛、乔建中、田青、王子初、项阳

◆5月8—10日，在京录制山西卫视《歌从黄河来》节目。

◆5月11日，参加周和平的博士研究生杨慧子的毕业答辩。

◆5月12日，参加在职硕士研究生孙嵩、博士研究生张黎黎毕业答辩会。

◆5月14日下午，在通州光中文教馆作为听讲嘉宾主持光中文化讲座，由王能宪主讲《我国究竟是"礼义之邦"还是"礼仪之邦"？》，之后参与光中书院母亲节感恩活动。同日，《深圳商报》发表专访文章《将"捡起金叶"当成毕生事业——专访非物质文化遗产保护专家、中央文史馆馆员田青》。

◆5月15日，参加2017届艺术硕士高瑜毕业答辩。

◆5月16日，参加硕士研究生武玲如毕业答辩。

◆5月17—22日，在贵州省黔西南布依族苗族自治州就非物质文

在贵州考察非物质遗产传承与保护

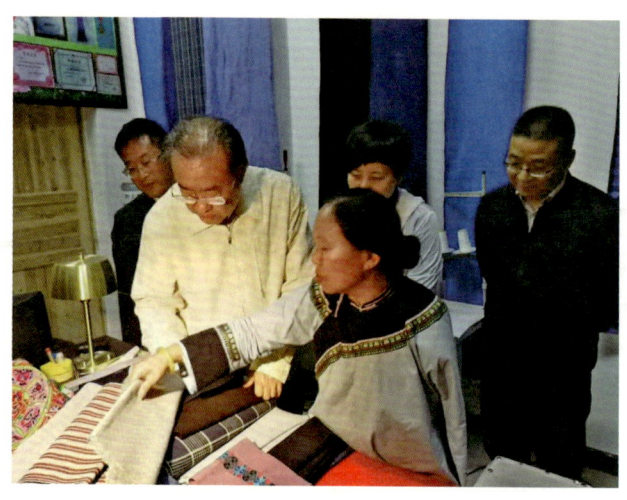

1、2、3. 在贵州考察非物质遗产传承与保护

化遗产保护与传承工作进行考察。进一步推动中国艺术研究院与黔西南州有关共同进行的非遗扶贫工作。

◆5月23日，在全国政协参加民族与宗教委员会座谈会，再次呼吁发挥台湾佛教界领袖人物的作用，促进两岸和平统一。

◆5月24日，到中央民族干部学院讲课"保护民族文化传统"。

◆5月25日，在全国政协民族与宗教委员会讲座。

◆5月27日，书："黄花即般若，翠竹亦法身，三世成佛者，是尔父母亲。"跋："丁酉初夏，偶思'郁郁黄花，无非般若；青青翠竹，皆是法身'句似有所悟，顿觉身旁诸人皆有佛性，而生我养我者岂非三世之佛耶！田青记。"

◆6月10日是我国调整后的第一个"文化和自然遗产日"。遗产日期间，中国昆剧古琴研究会与文化部恭王府管理中心共同主办的第七届"良辰美景·非遗演出季"于6月10—15日在恭王府大戏楼与国家图书馆艺术中心举办五场昆曲与古琴专场演出活动，昆曲特邀昆山"小昆班"小演员进京演出。与此同时，"把遗产交给未来——昆曲进校园"活动于6月9日和13日分别在北京市第55中学及北京市第101中学生动展开。

◆6月11日下午，在广化寺"什刹海论坛"讲座，题目为《"一带一路"与佛教复兴》。晚间，在恭王府"良辰美景·2017非遗演出季"之"新传昆曲专场"开幕式上致辞，随后到国家图书馆古琴演出现场致辞。

◆6月13日上午，在浙江音乐学院出席"'非遗薪传'浙江传统音乐理论研讨会"并做点评，阐述非物质文化遗产保护中传承保护和发展的关系问题。研讨会由浙江省文化厅主办，浙江省非遗保护中心、浙江音乐学院、浙江省非遗保护协会共同承办。晚上，在浙江音乐学院学术报告厅举办"'一带一路'与传统音乐"专场讲座。讲座由浙江音乐学院科研处处长林林教授主持。

◆6月14—15日，在京录制山西卫视《歌从黄河来》节目。

◆6月17日，应贵州省文史研究馆邀请，在贵州省文史馆会议室进行讲座，题目为《当代中国与传统文化》，谈到非物质文化遗产保护工作如何开展、中国传统文化在当代社会中的重要性、该如何传承等几个方面的问题，呼吁在座的专家们担负起弘扬中华传统文化的责任，培育更多人才，让传统文化得以代代相传。此讲座为2017年"山骨讲堂"第三期。

◆6月18日，在贵阳孔学堂举办的第三期"一带一路"系列讲座上

在"良辰美景·2017非遗演出季"的开幕式上致辞

1. 在贵州省文史馆"山骨讲堂"讲座
2. 在贵州孔学堂讲座

做《"一带一路"与传统文化》主题演讲。此乃孔学堂传统文化公益讲座第500场。

◆6月18—20日，赴安徽黄山考察。

◆6月24日，参加中央电视台《叮咯咙咚呛》第二季节目录制。

◆6月25日下午，在通州光中文教馆作为听讲嘉宾主持光中文化讲座，由清史专家卜键主讲《和珅的衣带诗——兼及历史人物的书写与评价问题》。

◆6月26日，书《心经》句"无智亦无得"。

◆6月28日，为中央电视台戏曲频道录制《中国戏歌》。

◆6月29日，题写王阳明"此心光明，亦复何言"。跋："王阳明临终学生乞遗言先生曰此心光明亦复何言丁酉夏日田青书。"

◆6月30日，在中国艺术研究院参加"让古琴发声——中国艺术研究院馆藏古琴音乐会"筹备会，带领琴家吴钊、吴文光、李明忠父女、王风、王鹏、张建华、林晨等到图书馆共同挑选演奏用琴。

◆7月5—6日，在京参加《中华传统文化百部经典》编纂工作会议。

◆7月7日下午，参加中国艺术研究院研究生院2017届毕业生典礼。

◆7月10日，在京录制山西卫视《歌从黄河来》节目。

在中国艺术研究院图书馆查看馆藏古琴

◆7月11—14日，赴海南参加"第二届中国民族器乐民间乐种组合展"活动，担任评委，并在12日、13日上午召开的"第二届中国民族器乐民间乐种组合展演研讨会"上发言。此次活动由中华人民共和国文化部与海南省人民政府主办，文化部艺术司、海南省文化广电出版体育厅、中央民族乐团承办。来自全国的45支乐队组合，在11—13日分3批进行6场展演。15日晚上举办闭幕音乐会。

◆7月15—16日，在京录制山西卫视《歌从黄河来》节目。

◆7月17日，以"谘议委员"身份在北京人民大会堂出席中国道教协会成立60周年纪念大会。

1、2. 在《歌从黄河来》节目录制现场

◆ 7月19日，在京录制山西电视台节目《歌从黄河来》节目。

◆ 7月21日，为中央电视台录制2017《中国民歌大会》，并担任评委。节目于当年国庆节期间在CCTV-3播出。

◆ 7月23日下午，书王维诗："行到水穷处，坐看云起时。"下款"王维诗田青书 时在丁酉之夏"。晚上为中央电视台录制2017《中国民歌大会》，并担任评委。

◆ 7月24日，为石占明题写"红都民歌村"，下款"田青题"。同日又书对联："精神到处文章老，学问深时意气平。"上款"此联为清人所撰，其意甚佳，吾以为然也"，下款"丁酉暑中田青书以自勉自警"。

◆ 7月25日，接受专题片《赵朴初》剧组采访，并为其题写"佛教是文化"，上款"朴老此言其意甚笃"，下款"丁酉夏田青书"。

◆ 7月26日，为中央电视台录制2017《中国民歌大会》节目，并担任评委。

◆ 7月28日，中国艺术研究院领导班子会议讨论宗教艺术研究中心提交的《关于进行目连戏展演的报告》，并获得一致通过。

◆ 7月29日，为中央电视台录制2017《中国民歌大会》节目，并担任评委。

◆ 7月30日下午，在通州光中文教馆作为听讲嘉宾主持光中文化讲座，由张庆善讲授《红楼梦里的佛教思想》。

◆ 8月1日，为中央电视台录制2017《中国民歌大会》节目，并担任评委。

◆8月3日晚，为中央电视台录制2017《中国民歌大会》节目，并担任评委。

◆8月7日晚—8日凌晨，为中央电视台录制2017《中国民歌大会》（第七场）节目，并担任评委。

1. 在《中国民歌大会》节目录制现场朝观众致意

2. 在《中国民歌大会》节目录制现场与著名歌唱家李谷一合影

3. 点评歌手

1

2

3

◆8月9日,为中央电视台录制2017《中国民歌大会》节目,并担任评委。

◆8月12—14日,在京录制山西电视台《歌从黄河来》节目。

◆8月13日晚,为中央电视台录制2017《中国民歌大会》节目,并担任评委,此为最后一场。

◆8月15—18日,参加中央统战部组织的党外人士调研团,到贵州省黔东南自治区、遵义市凤冈县调研精准扶贫工作。其茶富含硒、锌,颇具特色,茶园中建瑜伽院,应县委书记邀请即兴题诗:"瑜伽养身茶养心,我家佳茗有硒锌,陆羽若未成仙去,不辞长作凤冈人。"(其乡名田甸,故言"我家")下款"丁酉夏田青于贵州遵义凤冈"。

◆8月21日,参加中央电视台《叮咯咙咚呛》第二季节目录制。

◆8月31日下午,在北京通州光中文教馆参加星云文化教育公益基金会第一届第八次理事会议,中国艺术研究院宗教艺术研究中心申报的2018年目连戏研讨会及演出获得基金会支持,并获赞助80万元人民币。

◆9月2日下午,在通州光中文教馆为人间佛教实践游学班学员上课,主讲《佛教与中国文化》。

◆9月3日20:34,由中央电视台戏曲和音乐频道联合打造的首档大型戏歌视听盛会《中国戏歌》在中央电视台戏曲频道播出,田青解读《五哥放羊》,高度评价王二妮的演唱。

◆9月5日上午,去中央统战部汇报贵州省非遗扶贫工作。

◆9月6—16日，作为"守望精神家园——第四届两岸非物质文化遗产月"活动总顾问，同贵州省文化厅袁伟副厅长、贵州省非物质文化遗产保护中心龙佑铭副主任一起带队率领贵州省非物质文化遗产展演团一行60人，到台湾参加"守望精神家园——第四届两岸非物质文化遗产月"系列活动。9月9日，"第四届两岸非物质文化遗产月"系列活动在佛陀纪念馆大觉堂正式开幕，本次活动以贵州非物质文化遗产为主题，推出了"霓裳华冠——多彩贵州苗族服饰展览"及"多彩贵州非物质文化遗产"演出活动。8日下午，星云大师在佛光山传灯楼接见并宴请全体参演人员，田青在欢迎宴会上致辞。11—13日，率领展演团走进台湾台东，把"苗侗歌舞及特色美食"带到新香兰部落、下宾郎部落，与当地居民和台东高级职业学校师生进行歌舞互动、技艺交流、专家讲座以及特色美食共享等，以这样的对话形式，探讨两岸非物质文化遗产保护传承的新思维和新做法。此次活动由中华文化联谊会、贵州省文化厅、沈春池文教基金会主办，贵州省非物质文化遗产保护中心承办。

◆9月9日上午，在佛光缘美术馆出席"佛光山2017佛众作品联展"开幕式并致辞；9日下午，在"守望精神家园——第四届两岸非物质文化遗产月"上致辞并剪彩，在致辞中说："中华非物质文化遗产是两岸同胞共同的祖先留给我们的共同遗产，我们要共享其荣，共担其责，世世代代传下去！"9月11日，参加佛光山丛林学院105学年度各级学部联合毕业典礼暨106学年度开学典礼，并勉励毕业生，珍惜福分，承担如来家业，成为弘法栋梁。

◆9月9日21:15，山西卫视播出《歌从黄河来》全国45进28突围赛第三场，田青担任评委。

◆9月15—19日，跟随全国政协副主席卢展工率队的全国政协科教文卫体委员会调研组到内蒙古自治区、青海省就"少数民族戏剧传承与发展"开展专题调研。其间，跟随调研组深入到内蒙古自治区锡林郭勒盟乌兰牧骑、内蒙古民族艺术剧院、青海省藏剧

1

2

3

4

5

6

1. 参加中央电视台《中国戏歌》节目

2. 在台湾新香兰部落、下宾郎部落，与当地居民和台东高级职业学校师生进行互动

3. 在台湾新香兰部落、下宾郎部落，与当地小朋友合影

4. 在"第四届两岸非物质文化遗产月"开幕式上致辞

5. 在台湾新香兰部落、下宾郎部落，接受当地居民赠送礼物

6. 与星云大师亲切交谈

1. 与星云大师一起接待赴台参加"第四届两岸非物质文化遗产月"活动的贵州参演团成员，这是星云大师病愈后首次接待这么多客人来访

2. 同参演团成员在佛光山佛陀纪念馆前合影

3. 在佛光山丛林学院105学年度各级学部联合毕业典礼上讲话

团、黄南藏族自治州热贡艺术博物馆、黄南州歌舞团、民间藏戏展演中心、同仁县江什加村等地与演职人员和民间传承人进行深入交流，召开多场座谈会，听取两地党委政府和相关部门情况介绍并现场互动交流，参观了"守望相助，团结奋斗——庆祝内蒙古自治区成立七十周年展览"。18日，在黄南藏族自治州热贡艺术博物馆参观时，正值"九一八"国难日，现场题写陆游诗《十一月四日风雨大作》赠之："僵卧孤村不自哀，尚思为国戍轮台。夜阑卧听风吹雨，铁马冰河入梦来。"跋："丁酉秋日随卢展工主席考察青海，正逢九一八国难日，书放翁诗以抒众委员之志也，田青记。"

◆9月21日下午，出席中央电视台《中国民歌大会》第二季媒体见面会。晚上，会见谢克林。

◆9月22日上午,为谢克林题字欧阳修《试笔》诗一首:"试笔消长日,耽书遣百忧。余生得如此,万事复何求。黄犬可为戒,白云当自由。无将一抔土,欲塞九河流。"下款"右欧阳修试笔诗,书此以赠谢克林兄,丁酉秋日田青书"。勉其大难重生。

1. 在青海考察期间,为黄南藏族自治州热贡艺术博物馆题字

2. 出席中央电视台第二季"中国民歌大会"第二季媒体见面会

◆9月24日下午，在通州光中文教馆作为听讲嘉宾主持光中文化讲座，由李松主讲《中国传统节日与民间智慧》。

◆9月25日，田青思想馆微信公众平台推送了田青文章《谁说"非遗"文化一定要发展》，单篇点击量达到43698次，点赞322次，评论64次，且关注度始终居高不下。

◆9月26—28日，在广州星海音乐学院进行三场讲座：26日，在星海音乐学院图书馆二楼举行了"星海校庆60周年系列活动之赵宋光、田青、罗艺峰三大家学术对话"。此次活动由星海音乐学院主办，音乐博物馆、岭南音乐文化发展研究中心与音乐研究院承办，周楷模主持，星海音乐学院院长、党委副书记蔡乔中，党委副书记、纪委书记李振连，副院长雷光耀、陶陌等校领导出席了讲座。学术对话围绕"传统遭遇现代"与"赵宋光学术思想"两个议题展开讨论。在"传统遭遇现代"的议题上，赵宋光率先提出了中国传统音乐文化发展的"三大步骤"：守护、解读、吸纳。田青进行了多角度解读，并讲解了从晚清开始中国传统文化落后的原因，反思了日本明治维新与我国"戊戌变法"后两国对待传统文化的不同态度。在第二个议题上，罗艺峰提出打造通才型人才要打破知识分科的藩篱，认为赵宋光的学术附加值主要有三个方面：多学科思维、哲学思维能力、现实关切能力。田青认为赵宋光是不可复制的"大家"，音乐类院校可以以其为奋斗目标培养出通才型学者。并为将于年底举行的"赵宋光学术思想研究中心"挂牌仪式题写名字。27日、28日又讲授两次公开课，属于"星海校庆60周年系列活动"，名为星海音乐博物馆"音乐思想讲坛"系列之五——田青研究员公开课。27日下午与赵宋光先生一起参拜花都华严寺。

◆9月29日下午，在中国音乐学院参加"雷佳毕业音乐会"排练，担任主持人。雷佳是中央军委政治部歌舞团青年女高音歌唱家，中国音乐学院民族声乐艺术表演博士，师从著名歌唱家彭丽媛教

1. 在星海音乐学院讲座后，与赵宋光（前左2）等合影
2. 在扬州讲坛讲授《佛教与"一带一路"》

授。晚上，出席大钟寺古钟博物馆2017年"闻钟·赏月"雅集活动。

◆10月6—7日，赴江苏扬州。6日下午，在宜兴大觉寺看望星云大师。7日上午，做客扬州交通广播《中国移动·会客厅》，谈论对当前非物质文化遗产保护的看法以及对于艺术与科学之间的关系；下午在扬州讲坛讲座，讲授《佛教与"一带一路"》。

◆10月12日，博士研究生高斯琦举行博士论文开题报告会。开题委员包括王列生、苑利、吕品田、刘魁立、李宏复、康·格桑益西等。

◆10月16日下午，在办公室接待北方昆曲剧院人员，商谈中国昆剧古琴研究会昆剧理事换届选举一事。

◆10月16日，田青思想馆微信公众平台推送了田青文章《什么是民歌——一个评委的真实感言》，点击量高达10620次，微信转发次数502次。在自媒体充分发展的时代，田青思想馆微信公众平台为传播推广其学术思想和非遗保护理念起到了纸质传媒无法发挥的作用。

◆10月20日上午，应邀到北京大学宗教文化研究所"虚云讲座"演讲，题目为《梵音汉曲与佛教音乐》。

◆10月26日，为武汉音乐学院学报《黄钟》创刊30周年题字"金声玉振"，上款"黄钟创刊卅周年寿"，下款"丁酉深秋田青恭贺"。

◆10月27—29日，赴昆山出席中国昆剧古琴研究会"第四届会员代表大会暨四届一次理事会"，连任会长。会议以无记名投票方式选举产生了第四届理事会成员，经文化部审核批准、民政部备案，名单如下：

理事名单89人（按姓氏笔画排序）

丁承运　丁纪园　马维衡　马瑶瑶　王凤　王世英　王芳
王冼平　王建欣　王鹏　孔培培　邓红　田青　史建
朱晞　朱默涵　任静　华玮（港）　刘红庆　刘善教
刘楚华（港）　刘静　孙立善　苏思棣（港）　巫娜
李凤云　李村　李鸿良　杨凤一　杨春薇　杨晓　杨晓勇
吴叶　吴婷婷　谷好好　汪小丹　沈冬（台）　张卫东
张子盛　张军　张忠奇　张建　陈波　陈倩　茅毅

林为林　林　晨　欧阳启名　罗　艳　金　蔚　周　龙
周世琮　周好璐　周　秦　郑云飞　赵　烨　赵晓霞　赵家珍
柯　军　姚公白　顾聆森　钱保纲　倪诗韵　徐君跃　徐显眺
徐　毅　高　峰　郭　宇　郭腊梅　陶　艺　黄　梅　黄光利
黄建华　曹　颖　章怡青　章怡雯　梁迪嘉（澳）　叶明媚（美）
傅　谨　曾成伟　谢俊仁（港）　路应昆　蔡少华　蔡正仁
蔡欣欣（台）　蔡群慧　裴金宝　戴　微　戴晓莲

常务理事24人（按姓氏笔画排序）

丁承运　王　芳　王　鹏　田　青　史　建　刘　静　李凤云
李鸿良　杨凤一　谷好好　张忠奇　张　建　林　晨　罗　艳
金　蔚　周　秦　赵家珍　柯　军　姚公白　徐显眺　曾成伟
蔡少华　蔡正仁　戴晓莲

专家指导委员会27人（按姓氏笔画排序）

专家指导委员会主任：
丛兆桓

专家指导委员会委员：

王安奎　白先勇（美）　刘赤城　孙旭光　李明忠　李祥霆
杨守松　吴文光　吴　钊　吴新雷　汪世瑜　张世铮　张继青
张清治（台）　陈长林　陈熙珵　周世瑞　周传家　侯少奎
洪惟助（台）　顾泽长　顾笃璜　龚　一　楼宇烈　曾永义（台）
雷子文

负责人名单
会　长：田　青
副会长：张忠奇　周　秦　姚公白

1. 在2017中国昆剧古琴研究会年会闭幕式暨全体会议上讲话
2. 为中国昆剧古琴研究会教学传承基地授牌

秘书长：张　建
副秘书长：蔡少华　史　建　刘　静　林　晨　金　蔚

昆曲专业委员会：
主　任：蔡正仁
副主任：柯　军　杨凤一　谷好好　李鸿良　王　芳
　　　　罗　艳　徐显眺

古琴专业委员会：
主　　任：丁承运
副主任：李凤云　赵家珍　戴晓莲　王　鹏　曾成伟

◆11月1日，上午在办公室接待雷佳等三人，商讨雷佳音乐会相关事宜。下午在办公室接待国台办客人，商讨两岸非物质文化遗产传承人认定等事宜，中国艺术研究院副院长王福州亦参加会谈。

◆11月3日，在办公室召开《田青文集》编辑会议。

◆11月6日，在中国音乐学院参加雷佳博士毕业音乐会排练。

◆11月9日，闻中国艺术研究院音乐研究所著名古琴演奏家及史学家许健先生去世，为之写挽联："人去西天赴雅集，琴留东土唱清音。"上款"许健先生千古"，下款"中国昆剧古琴研究会田青敬挽"。

◆11月11日，在办公室接待佛光山觉舫法师来访。

◆11月12日，在广州大学讲座。

1、2. 主持雷佳音乐会

主持雷佳音乐会

◆11月14日，参加雷佳音乐会彩排。

◆11月16日晚，在中国音乐学院国音堂为"源远流长·寻根之旅——雷佳民族民间歌曲专场音乐会"做导聆。此为雷佳博士毕业系列演出的第四场。

◆11月17日，接待中央电视台专题片记者，审查纪录片。

◆11月18日上午，在京出席雷佳音乐沙龙研讨会，晚上接受雷佳导师宴请。

◆11月20—21日，连续两天下午在京录制山西电视台《歌从黄河来》节目。

◆11月23日，在办公室接待西藏大学教授阿旺晋美、甘南派唐卡国家级传承人希热布来访，商讨中国艺术研究院唐卡研究中心成立事宜。

◆11月25日下午，在通州光中文教馆作为主讲嘉宾主持光中文化讲座，由慧开法师主讲《生命的永续经营与世界的永续经营》，会

1. 在光中文教馆主持讲座
2. 在全国政协双周座谈会"少数民族戏剧的传承与发展"上发言

后挥毫书写墨宝赠予讲座义工。

◆ 12月7日，下午在京参加全国政协召开的第76次双周协商座谈会并发言，会议主题为"少数民族戏剧的传承与发展"。当日晚上，中央电视台《新闻联播》节目对此次活动进行专题报道。

◆ 12月9日，书"尽日寻春不见春，芒鞋踏遍陇头云。归来偶把梅花嗅，春在枝头已十分"。跋："尼僧悟道有此诗，春在何处几人知？试问梅花落尽后，几分春色在空枝？田青丁酉冬日。"

◆12月11日，在中国音乐学院参加项目评审活动。

◆12月12日上午，在北京光中文教馆参加光中书院第一届第三次理事会议，由其与王能宪院长共同提议的2018年光中文化讲座演讲安排专案得到与会理事一致同意并决议通过。

◆12月14—15日，携夫人至四川成都参加文促会主办的"中国尼

1. 在光中书院主持叶小文讲座
2. 讲座后，赠叶小文诗

1. 为《走近佛陀》栏目题字

2. 接受《走近佛陀》栏目专访

泊尔文化交流活动"，观摩《尼泊尔唐卡展》并在研讨会上做主旨发言《保护唐卡的本真性》。

◆ 12月20日下午，在京为山西电视台录制《歌从黄河来》节目。

◆ 12月22日下午，在小关街道出席"小关街道文学艺术界联合会"

1. 在通州光中文教馆为佛学青年营讲座
2、3. 和青年营营员在一起

1

2

3

成立大会，被推选为名誉主席。

◆ 12月23日下午，在通州光中文教馆作为听讲嘉宾主持光中文化讲座，由叶小文主讲《登岸何须分彼此，好从当下证菩提——赵朴老与星云大师》。讲座后赠叶小文诗作："人生不必苦经营，孔明不成成渊明。"

◆ 12月28日，在香港卫视《走近佛陀》栏目组接受采访，并为之题词"走近佛陀"。

◆12月31日下午，在通州光中文教馆为佛学青年营讲座，晚上围炉联欢。

◆本年度博士后银卓玛出站，张黎黎、武玲如、高瑜、孙嵩（同等学力申请硕士学位）四名学生毕业；招收一名音乐学专业博士研究生潘江，一名非物质文化遗产保护研究专业硕士研究生王雅蓉。

◆年度小结：

本年度重点工作主要有：1. 参加"两会"，提交"关于发挥非物质文化遗产作用的新思路"的政协提案，关注两方面问题：一是非遗助力扶贫攻坚，让"异地搬迁"带"非物质文化遗产"下山，并多次到黔西南地区进行非遗扶贫调研；二是利用非遗促进两岸文化交流、和平统一。担任"第四届两岸非物质文化遗产月"活动总顾问，率领贵州省非物质文化遗产展演团到台湾参加"守望精神家园——第四届两岸非物质文化遗产月"系列活动。

2. 关注"一带一路"与宗教非遗保护问题。本年度在广化寺"什刹海论坛"、浙江奉化、中国音乐学院、横山书院、光中书院、中国艺术研究院研究生院、浙江音乐学院、贵阳孔学堂、北京大学等诸多地方演讲有关"一带一路"与传统文化、"一带一路"与佛教、"一带一路"与中国传统音乐等关系的论题。他认为，"一带一路"给中国带来的最大影响是佛教，而佛教对中华文化乃至中华民族的影响十分深刻，离开了佛教文化，中国所谓的传统文化是不完整的。在弘扬优秀传统文化与"一带一路"建设的大背景下，我们应该借此东风，认真弘扬佛教文化，真正做到古之大德所谓的以儒治世，以道修身，以佛治心。① 包括民歌在内的整个民族音乐都是传统文化的重要组成部分。学习传统音乐的人应该

---

① 田青：《佛教与中国文化》，2017年4月在光中书院的首场讲座；《"一带一路"与佛教文化》，2017年6月11日"什刹海论坛·2017佛学季"演讲。

以弘扬传统音乐为己任。①

3. 关注民族音乐尤其是民歌的传承与保护,担任山西电视台《歌从黄河来》节目评委及中央电视台国庆特别节目《中国民歌大会》点评专家;主持"源远流长·寻根之旅——雷佳民族民间歌曲专场音乐会"。在总结民歌大会时,他说:"在现代化的进程当中……我们感受到保持文化多样性的重要。""中央电视台推出了《中国民歌大会》,用歌声让我们在现代化面前重新找到祖先的灵魂,找到民族的根,找到我们每个人的精神家园,把今天和昨天接续起来,把我们每一个个体的灵魂和我们共同的祖先接续起来。""人类文明的传承,一种是靠物质文化的遗产,像长城、天坛;还有一种,是靠文字记载的文明,比如说"四书""五经"等经典;但是更重要的,是非物质文化遗产,这里就包括我们的传统音乐,我们的民歌,我们的传统美术,我们的手工技艺,我们的风俗、民俗等。这一切不但构成了我们的精神家园,也是千百年来中华民族保持凝聚力、向心力和永远前进的动力的源泉。"②

4. 中国昆曲古琴研究会举办第七届"良辰美景·非遗演出季"昆曲、古琴专场演出活动,昆曲特邀昆山"小昆班"小演员进京演出。中国昆曲古琴研究会每年的非遗演出季演出内容和主题虽然都不一样,但坚持传统、拒绝创新的理念永远不变,目的是展现原汁原味的昆曲与古琴艺术。

5. 关于文化自觉,他指出,弘扬优秀传统文化是文化自信的根本,而弘扬优秀传统文化,有一个阶段必不可少,就是文化自觉,那就要"认真学习"传统文化,认识自己本民族、本地区最有特色的文化。这是"本""根"和"魂"。要把我们曾经轻视、反对,甚至抛弃的优秀传统文化,再认真地捡起来。③

---

① 田青:《中国传统音乐文化在当代的命运——嘉宾对谈(五)》,《音乐艺术》(上海音乐学院学报)2017年第3期;《"优秀传统文化"中包括音乐吗?》,2017年4月12日在中国音乐学院的演讲;《"一带一路"与中国传统音乐》,2017年6月13日在"非遗薪传——浙江传统音乐理论研讨会"演讲。
② 田青:《〈黄河船夫曲〉的遥想》,在2017"中国民歌大会"上的点评。
③ 田青:《捡起那些飘落的"金叶"》,《解放日报》2017年5月12日。

◆ 本年度著作：

《中国传统音乐文化在当代的命运——嘉宾对谈（五）》，《音乐艺术（上海音乐学院学报）》第1期。

《捡起那些飘落的"金叶"》，《解放日报》5月12日。

《佛教与中国文化》，2017年4月在光中书院的首场讲座。

《〈黄河船夫曲〉的遥想》，在2017"中国民歌大会"上的点评。

《"优秀传统文化"中包括音乐吗？》，2017年4月12日在中国音乐学院的演讲。

《"一带一路"与佛教文化》，2017年6月11日在"什刹海论坛·2017佛学季"的演讲。

《"一带一路"与中国传统音乐》，2017年6月13日在"非遗薪传——浙江传统音乐理论研讨会"的演讲。

《鸡汤与醍醐——台湾陈佳宏居士〈吟月不孤〉读后》，载陈佳宏《高岸为谷 深谷为陵》，台北。

《丝桐神品》序，（中国艺术研究院馆藏古琴大家录音珍品）。

《天韵社曲谱》序，载《天韵社曲谱》影印本，上海辞书出版社。

《泉州傀儡戏》序，载《中国戏曲剧种丛书》之《泉州木偶戏》，社会科学文献出版社。

《世纪绝响——〈阿炳传世乐曲〉》序，待出版。

2018

◆1月1日晚，山西卫视《歌从黄河来》播出新年特别节目《中国民歌夜》，田青为主要点评嘉宾。《歌从黄河来》节目已经播出6年，是国内少有的以推广、普及、宣传民族音乐为主的电视节目，已成为山西卫视经典节目。田青评论说："民歌是人民的创造，也是我们民族的根和魂，《歌从黄河来》包括着所有我们五十六个民族的民歌，这些都是我们的文化遗产，是我们今天能够有文化自信的基础。"

◆1月4日，作为"非常观察员"在中央电视台录制《非常传奇·年度盛典》节目，《非常传奇》是央视中文国际频道为认真落实中共中央办公厅和国务院办公厅《关于实施中华优秀传统文化传承发展工程的意见》，推出的大型文化体验纪实类节目。节目以展示中华传统文化独特魅力为宗旨，通过邀请嘉宾体验和学习非物质文化遗产，带领观众感受非遗文化的魅力，体味传承的精髓。该节目于2月13日、2月14日晚18:00在中央电视台中文国际频道播出。

◆1月9日上午，华中师范大学音乐学院书记孙永祥、院长孙逊来访，表示希望聘请田青先生为该院名誉院长。下午，参加博士后周亮（非物质文化遗产保护方向）出站答辩。

◆1月10日上午，在中央音乐学院为土家族音乐培训班讲座"非物质文化遗产保护和民族民间音乐的传承"，讲座后即奔赴机场飞深圳出席中国文化促进会与凤凰卫视联合举办的2017中华人物颁奖大会。1月11日晚，并作为才让多吉仁波切的讲述人，讲述他为推广藏族文化所做的贡献。才让多吉致力于藏文古籍的抢救保护、编辑整理和弘扬发展，借助现代出版方式和多媒体技术，打造了最具体系的专业藏文古籍文献出版品牌——喜马拉雅文库，并努力打造藏文数字文库的网络共享平台，希望更多人能了解和热爱

1

2

1. 在"2017中华人物颁奖大会"上讲述才让多吉仁波切的贡献
2. 山西卫视《中国民歌夜》节目海报

藏文化。在颁奖词中,田青这样介绍才让多吉:

> 他以"我不下地狱,谁下地狱"的气概,克服重重困难,垒起了高耸入云的"喜马拉雅文库",他带领团队整理出版了共95册4000万字的藏族古籍经典《伯东班钦全集》,成就了这部堪称藏文百科全书式的煌煌巨著;目前正在打造的第二部大型丛书《五明学百本精粹》250册,是继藏文《大藏经》后体量最大的藏文丛书项目。他用新科技接续了历史和今天,用慈悲和大愿为众多藏区的孩子铺建了通往幸福明天的道路。

◆1月20日,赴通州光中文教馆参与岁末义工联谊会。

◆1月31日上午,在通州光中文教馆参加光中书院第一届第四次理事会议。下午,参加星云文化教育公益基金会第一届理事会第九次会议。会议主要内容为:1.听取基金会2017年工作报告,审

在台儿庄"中国传统春节文化保护与传承活动"上发表主旨演讲

议2017年财务工作报告；2.听取2018年主要工作计划；3.审议2018年经费预算；4.各位理事就2017年基金会工作总结及2018年工作计划提出建设性意见。

◆2月2日，在台儿庄参加由中国民俗学会、凤凰卫视及台儿庄古城旅游集团主办的"中国传统春节文化保护与传承活动"，并发表主旨演讲，表示："青少年是传承传统春节文化的主力军和最大希望，他们在台儿庄古城欣赏的不仅仅是幽美的景色，尤为重要的是全面感受、亲近、理解中华传统文化，乃至于激发热爱中华传统文化的热情，同时在大战故地台儿庄接受爱国主义教育。在这一点上，台儿庄古城非常了不起。不把追求经济效益作为唯一目的，而是积极贡献旅游企业的社会责任和担当。"

◆2月4日，在北京早春书院与郑鑫淼一起主持讲座，由康震主讲《中国古代文化的生命与魅力》。

◆2月6日，中国昆剧古琴研究会开会，筹划"全国大学生古琴音乐汇演"及今年"文化和自然遗产日"演出活动。

◆2月26—29日，受邀参加中央军委干部考评委员会专家评委组，担任艺术学科主任评委。

◆3月2日，到通州光中文教馆商谈星云文化教育公益基金所资助的目连戏展演一事。

◆3月7日，受中央美院建筑学院院长吕品晶邀请，为建筑学院"新农村"进修班授课，讲述建筑遗产与非物质文化遗产的关系，主张文化遗产的整体性保护。

◆3月8—10日，在京为山西卫视录制《歌从黄河来》节目。

◆3月11—12日，在中央电视台录制《向经典致敬》节目。

◆3月12日晚，在清华大学欣赏民族歌剧《二泉》，该剧是江苏唯一入选文化部2018"全国优秀民族歌剧展演"的剧目，由江苏省文化厅、无锡市政府共同打造，讲述了阿炳及《二泉映月》的故事。

◆3月16—19日，受台湾曾永义教授和厦门"龙人古琴坊"邀请，携夫人杨弄玉女士赴厦门，于17日晚在厦门闽南大戏院观赏曾永义教授与周秦教授合编的昆剧《新编蔡文姬》；翌日赴漳州长泰龙人村参观"龙人古乐坊"，期间与曾永义、周秦进行三人论谈，针对当前国内昆曲的发展现状各抒己见，田青主张对于传统戏剧的创新问题，应采取"先扬后抑"的评论方法，一方面鼓励年轻人多关注传统艺术的发展，另外也要慎谈发展；此外，对于《新编蔡文姬》这出戏，他也谈了自己的观点。此后三人听琴叙旧，田青乘兴做联："为酒党党魁弹酒狂一曲，效琴村村长作琴人百年。"

◆3月27日，赴中央文史研究馆参加有关文化建设的座谈会。

1. 接受王黎光院长颁发聘书
2. 七十大寿时与家人在北京大钟寺博物馆留影

◆3月29日，赴中国音乐学院参加中国乐派高精尖创新中心举办的"《中国音乐大典》项目推进工作会议暨审定委员聘任仪式"，王黎光院长向田青及樊祖荫、王耀华等7位资深音乐学家颁发聘书。该委员会负责审定北京市的重大文化创新项目《中国音乐大典》。

◆3月31日，在通州光中文教馆主持光中文化讲座，由佛光山住持心保和尚主讲《佛法在人间——共创幸福中国梦》。

◆田青思想馆微信公众平台经过几年发展，订阅读者数量逐年增长，现拥有读者近万人，其编辑部也逐渐壮大，仍由姚慧总负责，并建立起由田青在读研究生组成的6人编辑团队，先后有邬玮砾、张黎黎、武玲如、窦晓晨、别承红、高斯琦、潘江和王雅蓉等8人担任过编辑工作。五年来，田青思想馆发送图文消息共计358篇。

◆4月7日，七十大寿，与学生一道庆祝。宴后同游大钟寺，并口占一绝："人生七十已寻常，近岁一如旧时忙。回首前尘多幸事，为报三恩再图强。"注曰：三恩者，佛教谓父母恩、国土恩、众生恩。

◆本年表以田青先生七十岁生日为界，记录其人生前七十年的经历与经验，其追求学问的求真精神、为人处世的光明磊落及对民族文化的赤子之心，均为吾之后辈需要认真学习的榜样。孔子曾言："七十而从心所欲不逾矩。"七十岁已经达到人生境界的顶峰，无论是为学还是为人做事，都已经圆融无碍。相信，田青先生七十岁之后的人生定会更加精彩！

后记

编著《田青文集》与《田青年表》的提议始于去年十月，当时张振涛师首先提议，田门诸生当以师七十周岁为契机，将师多年来散于各处的文章、著述收集起来编纂一套文集；师已至"从心所欲不逾矩"年岁，因此理应将师前七十年的人生旅程做记录，以便更完整体现其思想发展之脉络，为后学立榜样。张师提议此事由我负责收集整理，当时确感诚惶诚恐，底气不足，深怕自己才疏学浅，无力完成这样的艰巨任务，但同时又觉责无旁贷，毕竟十余年来一直侍读于师侧，很多活动自己亦深度参与，有更深的体会与理解。能为师做此事乃己之大幸也！

年表编著并非轻松之事，尤其是师之早年诸事已封尘于历史许久，师本人亦无记日记之习惯，搜寻并不容易。因此，诸多事情除靠师本人回忆外，更多地只能借助于网络、报章书刊及他人文章中的零散材料来寻找"雪泥鸿爪"，但这也只能挂一漏万，肯定还有许多有趣之事未曾记录，此为最大之遗憾！

年表不单纯记录一个人的活动轨迹，更是其思想、行为发展的主线，通过年表，能够让读者更准确地把握其思想形成的脉络及时代历史动因。这需要在编著年表时具有宏观意识，要站在哲学的高度把握各种材料以及它们之间的内在联系，使其能够整体贯通。

师之为道，知行合一。他从来不是枯坐书斋的学究，他的视野一开始就未局限于"故纸堆"，而是放眼于更为广阔的社会实际，他要寻找的是"活的文化"，是历史与现实的接续：研究宗教音乐，他"参五台、谒峨嵋、拜九华、觐普陀、涉敦煌……"走访全国200余座寺院道观，录制上千小时的录音，并多次组织佛道乐团在国内外演出；研究民族器乐，他与多个民乐团保持友好关系，密切关注他们的动向，并主持过上百场民乐音乐会；研究非物质文化遗产，他几乎参与了中国非遗保护的全部重大历史事件，而且通过一切可以利用的渠道不遗余力地为非遗保护呐喊；研究原生态民歌，他怀着对艺术的敬畏，把最"土"的民歌手请到都市舞台和高校课堂，同时又对当下的艺术教育满怀忧虑，他批评某些艺术院校培养的"罐头歌手"，呼吁民族声乐要个性化与多元化；为促进国家统一与民族团结，他积极充当"文化使者"，在海峡两岸牵线搭桥，策划各种文化活动，力证两岸民众"同根同源"，血脉相连……他将所有理论都付诸实践，再用实践去验证理论。对师而言，他更看重理论背后的社会效果。

古圣先贤提出人生有"三不朽"："太上有立德，其次有立功，其次有立言，虽久不废。"师之"德""功"与"言"，均为我辈之垂范。他的言与行，均有浓厚的家国情怀，从童年时"仗剑天涯"的凌云壮志、少年时"长征宣传队"的激情澎湃、青年时参访群山的虔敬诚恳，到中年时主持音乐会的从容练达、壮年时为民间艺术辩护的犀利睿智以及步入花甲后对非物质文化遗产保护的拳拳赤子心，无不带着"侠义"精神与宗教般的热忱，正是这种"侠义"精神与宗教般的热忱造就了他的文化"侠客"情怀，逾六十年而未变，始终不渝地为民族传统文化摇旗助威，力求唤起民众对民族文化的自觉与自信。唯此，读师之年表，才能读出真意。

因时日紧迫，任务繁重，再加本人才智疏浅，年表编制未免有粗糙疏漏之处，更多内容有待日后再慢慢补充与完善。

此年表文字内容及图片、视频均经师亲校，绝大多数照片及全部视频亦由师提供。同时，本年表也参考了刘红庆先生所著《佛心学侠》部分内容以及张振涛、韩锺恩、刘再生、姚慧等学者的文章，在此一并感谢！

　　是为记。

2018年仲夏

图书在版编目（CIP）数据

田青年表/翟风俭编著.—北京：文化艺术出版社，2018.7
ISBN 978-7-5039-6521-0

Ⅰ.①田…Ⅱ.①翟…Ⅲ.①田青—年表 Ⅳ.①K825.76

中国版本图书馆CIP数据核字(2018)第154528号

田青年表

编　　著	翟风俭
丛书统筹	王　红
责任编辑	王　红　魏　硕
数字编辑	李岩松
责任校对	董　斌
书籍设计	顾　紫　赵　矗
出版发行	文化艺术出版社
地　　址	北京市东城区东四八条52号　（100700）
网　　址	www.caaph.com
电子信箱	s@caaph.com
电　　话	（010）84057666（总编室）　84057667（办公室） （010）84057696—84057699（发行部）
传　　真	（010）84057660（总编室）　84057670（办公室） （010）84057690（发行部）
经　　销	新华书店
印　　刷	北京雅昌艺术印刷有限公司
版　　次	2018年10月第1版
印　　次	2018年10月第1次印刷
开　　本	710毫米×1000毫米　1/16
印　　张	22.25
字　　数	290千字
书　　号	ISBN 978-7-5039-6521-0
定　　价	86.00元

版权所有，侵权必究。如有印装错误，随时调换。